JN089120

最高の幸せは、不幸の顔をしてやってくる！

しんちゃん

かんき出版

はじめに

はじめまして。しんちゃんと申します。

まず、この本を手に取ってくださったあなた。
ありがとうございます！
あなたに興味を持っていただけて、とってもうれしいです。

さて、この本はどういう本かといいますと、
僕がめちゃくちゃ幸せになった過程を書いた本なのですが（笑）、
もしかしたら、あなたが幸せになるためのヒントもギュッと詰まっているかもしれない……。そんな感じの本です。

どんなふうに幸せになれるかというと、周りの方々にどんどん応援してもらえるようになります。

その結果、保険のセールスをしている僕の場合は、お客様がお客様を呼んでくださるようになり、日本になんと１５０万人もいる保険セールスマンの中で、２年連続で１位を取らせていただきました。しかも日本新記録を更新して……。

「保険業界で日本一のトップセールスマン」なんて聞くと、あなたは「きっとこの人、ものすごくできるヤツなんだろうな」、そう思うかもしれませんが、実際の僕は、まったく「できるヤツ」ではなくて。

むしろ何もできません。

じゃあ、なんで日本一になれたかというと、先ほども言ったように、周りの方々がどんどん応援してくれるようになったからなんですね。

さらには、保険とはまったく関係のないところでも応援してくださる方が次々と現れて、どういうわけか大阪の実家がフグ料理の人気店になったり、作家で天才コピーライターのひすいこたろうさんの講演会で話をさせてもらえるようになったり、単独の講演会を企画してもらえるようになったり、こうして本まで出してもらえることになりました。

ちなみに保険のほうは、「しんちゃんから保険に入りたい！」と言ってくださる方が、今も数百人単位で待っていてくださる状態です。本当に、ありがたすぎます〜。

先ほども言ったように、僕は何もできないヤツなんです。

……という人に限って、試験前に「いや〜、ゆうべは寝ちゃってさ〜。なんも勉強してないよー！」というクラスメイトのように、実は陰でめっちゃ努力していたりするものですが。

僕自身はそうではなくてホントに何もできないんです。

ただ、「自分を追い込むようなつらいことはしない！」

そう決めたことから、僕の人生の快進撃が始まりました。

今ではありがたいことに、年間、ほぼ３６５連休の気持ちで生きています（笑）。


そんな僕が、ふたつだけ、心に決めていることがあります。

それはまず、はじめに自分が幸せになること。

次に、自分から溢れた分の幸せで、目の前の人を笑顔にすること。

このふたつだけを10年以上続けてきたら、自分の力だけでは絶対にたどり着けない奇跡のような場所へ、みなさんの力で運んでもらえました。

そこには、かつての僕が想像すらしなかった、キラキラ輝く幸せな世界がありました。


幸せになる。

そのために、努力はいりません。

夢も目標もいりません。

過去がどんなに不幸でも、今を幸せに生きることで、「奇跡の扉」は開きます。
宇宙は、どうやらそういう仕組みになっているみたいです。

この本では、どうして僕がそう考えるようになったのか、
どうやって今を幸せに生きているのか、
その結果、どんなふうにみなさんに応援していただけるようになったのか、
そこに至るまでに遭遇した、数々の「奇跡」についてお伝えしたいと思います。

あなたの目の前にも、「奇跡の扉」は存在します。確実に。
それを開けるお手伝いができたら、僕は最高に幸せです！

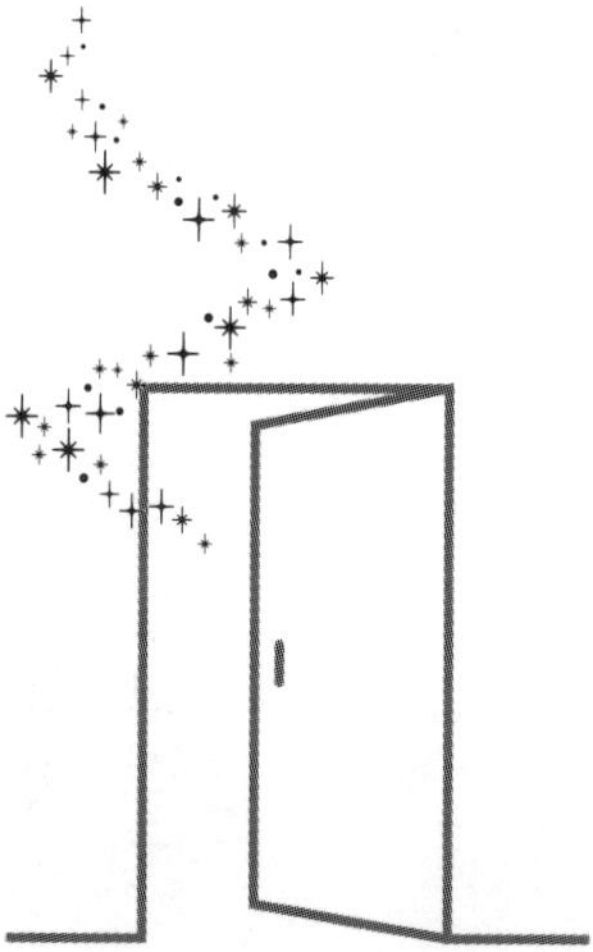

最高の幸せは、不幸の顔をしてやってくる！　もくじ

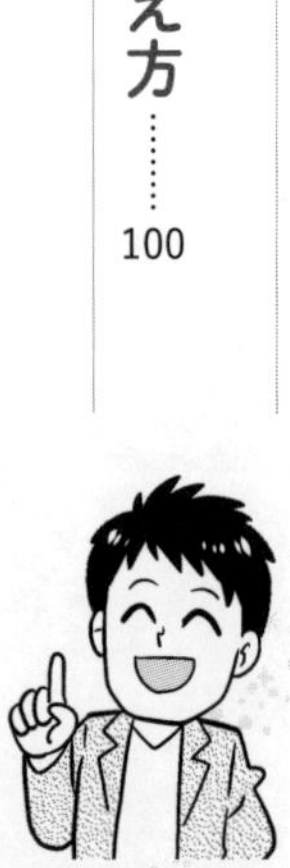

フム
フム…

マンガ制作　マンガ・プロダクションAuch!
作画　鈴木ぐり
カバーデザイン　井上新八
本文デザイン・DTP　佐藤千恵
編集協力　杉本尚子
企画協力　㈱IMAJIN

prologue《プロローグ》

年間365連休!?
日本の
保険セールスマンの
トップに立つ男

カッ
シビア生命
は？
ゴロゴロ……
……ですか？
イエス
日本の保険セールスマン150万人のトップに立つ男
シビア生命　スパイ課
コードネーム:マネー
しかも信じがたいことに営業は一切しないという
ホワッッツ!?
カカッ
シビア生命
ボス
年間365連休
つまり毎日がバカンスだ
ゴロゴロ…
ボス
それは……

……ニートというのでは？
働いてないですよね？
だよなぁ？
しかし、一度に数十億の保険料を預かったこともあるとか
ヤッ
ドーン
数十億!?
ちなみにこれは日本の保険セールス史上ナンバーワンの預かり金額だ
しかも不思議なことに周りがすべてお膳立てしてくれるらしい
お膳立て……？
……新手の宗教とか？
わからん
詳細はまったく不明だ
ゆえにマネー
お前がスパイとして潜入しヤツの秘密を探ってくるのだ！
イエッサー！
その男の名は――

大阪・八尾市
とらふぐ料理店
「佐一郎屋敷」
ワイワイ
アハハハ…
ボオオオオ
キャ
しんちゃーん!
はーい!!
今日も
めっちゃ
美味しいわ～
ホンマですか!?
よかった
うれしいです～
ペカーっ
いやぁっ!
まぶしいっっ!
あの……
しんちゃん
ですよね?
御利益に
あやかりたいので
ハグしてもらっても…
もじもじ
え!?
はい

僕でよければ
きゅ
キャー
しんちゃーん！俺も俺も！
これで1分よろー
ワハハハッ
1000
あれがターゲットの"しんちゃん"……
ムグムグ
なるほどお金のニオイがプンプンね！
うけとれませーん
パッと見キュートな日本男子に見えるけど……
この男にどんなノウハウがストイックな努力が戦略があるのか…
このクラシカルでゴージャスな店もしんちゃんのものだっていうし
結構なやり手だわ……！
——絶っっっ対に探り出す！
フグおいし♡
あの……
コト…

もしかしてオーナーのファンの方ですか?
は…!?
やまピー
だってめっちゃ熱い目で見てるから…
せっかくだからご紹介しますね!
え!?
オーナー!!
あの……ちょっと!
なんだい? やまピー……
この方オーナーのファン……
まちょっ
バササ
あっ!
やることリスト
・しんちゃんの営業のヒミツを探る
シビア生命
スパイ課
コードネーム:マネー
CAMERA
REC
いやっ これは違うの!
……
スパイノート
スパイ…ダー
そ、そう! スパイダーみたいに顧客をからめとるみたいな課があって…あのその
じーー
あー もう!

はいはい スパイスパイ!
スパイ でーす!!
開き直った!!
なるほど スパイの方……
――ようこそ いらっしゃい ました
は?
ペカーーっ
そんなに こそこそせんでも 聞いてくれれば いくらでも しゃべりますよ〜!
僕の営業力の 秘密ですよね?
しゃべるの? そんな簡単に…
しゃべっ ちゃうの!?
もちろん!
…ホワッツ!?
な…なによ …それなら
ホッ
ドカッ
ふーしかたないわね
聞かせて もらおう じゃないの!!

僕の営業力の秘密
それは…
まず毎朝起きてすぐに幸せのシャワーを浴びて自分を幸福な気分で満たし
その日に会うお客様の笑顔を目を閉じて思い浮かべつつそのお客様の笑顔がイメージの中でピカーッと光ったら…
!?
そもそもたくさん稼ぐには人生に夢・目標とかは不要で…
ええっと…
彼の言ってることは日本文化を知れば理解できるの?
いやあ
オーナーの言うことは日本人でもときどきアレっすね~
ヤバー
とにかくポイントは相手の笑顔
ピカーン!と光るんです
そのためにシャワーを…
シャラーップ!!!
なによそれ!?『幸せのシャワー』?『笑顔がピカーッ』?
バカにしてんの!?

キョトン…
!?
……
…今は
スパイとはいえ
私も一流の
保険外交員
相手が本気か
どうかくらい…
キラキラキラキラキラキラキラキ
いや
どっち……!?!?
わからん
はーー…
…マジなの?
マジもマジ
ホンマやのに〜
以前から何度も
取材で話してます
もんねオーナー
うん…いつも
ドン引きされて
お蔵入りやけどね
…フフ
そう
わかったわ…
ゴゴゴゴ
ならこっちも
マジになって
聞いてあげる!!
ゴゴゴゴ
わーいやったー♡

どうも〜！
改めまして、しんちゃんです！

いや〜、ホントに来るんですよ。マネーさんみたいな人。

マンガなので若干盛ってスパイってことにしていただきましたが、ときどき保険会社の方が本当に取材に見えて、

「しんちゃんって、日本の保険セールス史上ナンバーワンの数十億円もの保険料を、お客様から一度にお預かりしたんですよね？

凄すぎる！

そのために、どんなテクニックや戦略を使ったんですか？

どんなマーケティングをしてるんですか!?

ぜひ教えてください！」

と熱いまなざしでおっしゃるわけです。

あ、今さらですが、自己紹介させていただくと、僕は現在、大阪の八尾というところで、保険の総合代理店の会社と、「佐一郎屋敷」という会員制のフグ料理店の経営をしています。

で、僕は、彼らの熱いまなざしに、心を打たれました。
ですから、真心を込めて、こう伝えたんです。

「いいでしょう。お教えしましょう。僕の営業の秘密を。
それは……『**幸せのシャワー**』です！」……と。

さて、保険会社の方々は、どんな顔をしたか？
そうです。あなたのご想像どおり、**全員、（　゜Д゜）ポカーン**です！

幸せのシャワーについては、このあとのエピソード４（103ページ～）で詳しくお

伝えしますが、

「幸せだなぁ〜」

と言いながら、毎朝シャワーを浴びる。たったこれだけです。

それを続けていたら、どんどんお客様に応援していただけるようになって、気がついたら日本一の保険セールスマンになっていました。

佐一郎屋敷も会員制の隠れ家店でありながら、ありがたいことに、毎月、すごい勢いでお客様の予約が増えています。

これも元をたどれば、幸せのシャワーを続けているからだと思っています。

で、僕は内心、**「ものすごい秘密をしゃべってしまった！」**と、ひとりで心臓をバクバクさせて興奮してたんですけど。

なぜか……逃げるようにして帰っていくわけです。取材に来た方が。

中には「社内誌に掲載したいんです。記事ができたら送りますね！」と言って

いた会社もあるんですけど……来ないんですよねぇ、社内誌。３年経った今も。
たぶん、もうそろそろ届く頃やと思うんですけどね～（笑）。

と、まぁこんな感じで、毎日をゴキゲンに生きている僕ですが、昔からそうだったかというと、ちょっと違います。

以前の僕は、自分を不幸だと思っていました。

何をしてもうまくいかず、ドロドロとした気持ちで日々を過ごしていたんです。

でも、一見不幸に思えるある出来事がきっかけで、誰もがビックリするような、まさに「奇跡」に遭遇してしまったんです！

そして、そのことがのちに、「幸せのシャワー」にたどり着くきっかけになりました。

ということで、ここからは、毎日をウツウツと過ごしていた僕に起こった奇跡の実体験についてお話しさせていただきますね！

しんちゃんの秘密…
探ります!

episode《エピソード》 1

普通の高校球児、イメトレだけで、リアル松坂大輔になる！

ここからは
僕に起こった
ミラクルを
しゃべらせて
もらいます～
ハァ
ハァ
ハァ
それは
1998年の
夏の終わり――
18歳の頃ー
自宅での僕
ハァ
ハァ
ガラ
しんちゃーん
果物食べ…
キャッ
母
ご…
ごめんね
しんちゃん!!
え!? あ
オカン!!
ち、違うねん
松坂やねん――
!!!
まつざか～
松坂…
…慶子!?
しぶ好みやわあ
あの子
――ちょっと
のっけから
私はなにを
聞かされ
てるの？
?
これが僕の
営業力の大事な
ファクターに
ついての
話なんですが…
名シーン
ですね
これがあ～？

重要なのは
〝イメージの力〟が
驚異の結果を
もたらすって
ことです！
はぁ〜!?
僕がそれに
気づいたのは…そう
野球が大好きやったから
小さな頃から
運動はそこそこ
得意で
剣道優勝
大好きな
野球を始めたのは
小学生のとき
おっ
ええ球！
父
ただ
体も小柄
やったし…
野球はまぁ
下手クソ
あ…

それでも高校ではピッチャーをさせてもらったんだけど……
あれは3年生夏の甲子園の予選を控えたある日
フフ…ッオレの118キロの剛速球…
ザ…
受けられるものなら受けてみ…
バス
バス
やまぴー
118キロてかたつむり並みですやん
ビキィッ
オイ!しん!
しんちゃん先輩!!
ドサ…
ひじの尺骨神経が潰れていた

手術で神経を繋いでもらったけれど…
一生障害が残るかも…
……!
実際右腕はまったく動かず—
ポロッ
ああ自分…親不幸やな…
それは…
ええ…なかなか辛かったです
でもこれが大転機だった
ある日—
ボー…
15日目を迎えた甲子園球場です今日は準々決勝…
第80回夏の甲子園大会横浜高校×PL学園
ワーワー
それは延長17回の死闘となりのちに伝説と呼ばれる名試合

横浜高校
ピッチャー
松坂大輔
150キロ超の
剛速球を投げる
『平成の怪物』
対する
PL学園
ピッチャー
上重聡…
じつは
上重くんは
幼稚園からの
幼なじみ
当時から
エースで
憧れの存在
今は日テレ
アナウンサー
イケメン！
ズバーーン
ワー
ワー
いやー
速い！
やっぱ
めちゃくちゃ
球、速いわ
松坂君！
それに…
……
キラキラと
まぶしい
幼なじみの姿—
それを見て
僕は——
……

くっそー
キラキラ
して…！
俺なんか
こんな…
あ～もう
喜んで
見てられ
へんわ！
妬んだ
それはもう
真っ黒な心で
ドス黒～
それでも
彼らの死闘を
見ていると―
ワー
ワー
…なんやろ
自分
なんでこんな
スバラシイ場面で
大切な友達を
応援できひんのやろ
こんな俺…
嫌や！
変わりたい！
そうや
変わろう！
ワー
ワー
でも
変わるって
どうすれば…

ワー
ワァーー
ワァァァ
ワァァァ
というわけで俺…
松坂くんになるわ！
あかん退院できたと思ったら…
はぁ…
ヒジより頭壊れてる…
父
母
はぁ…
や、自分でもおかしいのはわかってたよ？
でも友達を妬まずにいるには
自分がワクワクする存在になるしかない！
そう――松坂君のように！
でもシンそもそも腕動かないんでしょ？
せやからどうしよっかなと思って…
BOOKS
Think and Grow Rich: Action Pack
思考は現実化する
ナポレオン・ヒル
Napoleon Hill

…へ～
イメージは現実になるんやぁ
そこから1年間リハビリを続けながら毎晩2時間松坂くんを見つめ続けることにした
イメージは現実に…
ブツッ
イメージは現実に…
ブツッ ブツッ
ハァ ハァ
ハァ ハァ
ハァ
これ…か？
あれってあの松坂のビデオだったの!?
ええ
何を見てると思ったんです？
……
頭の中で完璧に松坂君の投球イメージを再現できるようになった頃―
…痛っ！
なおった
体も動かしていないのに筋肉痛に
せなかが……
そうか…松坂くんはこっち側の筋肉使ってたんや…
ていうか…

イメージしただけやで!?
そして高校卒業後の母校にて
1年ぶりですか? しんちゃん先輩が投げるの
おう
で、なんでオヤジさん?
松坂になるいうから測ったろうと思って
スピードガン
買ったんすか?
イエ〜ス! こんなん持っとったらナンパしやすいやん?
おっちゃんなにそれー?
キャハハ
知りたかったらおっちゃんといいとこ行こか?
うん、おとんいっぺん黙ろか?

ほんなら行きましょか～
ボールを握った瞬間に…
無理すなよ～？
肉体が、まったく別モノになっているのがわかった
これまでの僕の球速は最速で118キロ
しかし、術後はじめての投球で…
スパーン
僕は松坂君に迫る145kmを叩き出した
イメージの力だけで
…これや!!
145Km
オーマイガッ！

はいっ、
というわけで、いきなりプロ野球選手並み、145キロの剛速球をたたき出した、しんちゃんです♪

というか、すごくないですか⁉　イメージの力！

「**すごい**」を通り越して、むしろ「**ワケわからん！**」ってなりませんか⁉

だって、右ひじの神経が潰れてから約1年後、一発目がコレですよ？

そもそもケガの直前まで、最速で118キロしか投げられなかったんですよ？

ちなみに、高校球児の平均球速は120キロくらいだそうです。つまり、ケガする前、僕はめっちゃ普通の高校球児だったわけです。

なのに、この、思わず笑ってしまうほどミラクルな結果。

ケガしてからリハビリで右腕が動くようになるまでの1年間、まったくボールを投げていなくて、あこがれの松坂大輔投手の投球映像を見ながら、イメージトレーニングしてただけなんです（動かない右腕以外は筋トレしてましたけど）。

それなのに……。

イメトレのパワー、ホンマにすごいんです！

そして、利き腕に大ケガをしたという不幸が、

僕の最高の幸せの始まりだったんです！

もちろんイメトレを始めた当初は、こんなミラクルが起こるなんて、思ってもみませんでした。

だって、お医者さんには「手遅れかも（何が!?）」「後遺症が残るかも」と言われてましたし、神経が通わず動かなくなった右前腕は、数ヵ月でみるみる筋肉がそげて、枯れ枝みたいになってましたし。知ってます？　神経が通わなくなると、体ってミイラみたいに細～くなるんですよ……。

「どうせ俺なんか」

「だるい」

「最悪や」

当時は、そんな言葉が口グセでした。

その頃の僕は、野球はうまくなかったけど、自分なりにすごく努力して頑張っていました。野球が大好きだったから、練習も野球部仲間の誰よりも努力していたと思います。

だけど、全然うまくいかなかった。

それどころか、高3の、夏の甲子園の予選直前という、高校球児にとって一番大切なときに、あんなひどいケガまでしてしまった。

「ホンマ、最悪や……」

気分はまさに、どん底です。

一方の幼なじみは――それはもう、**ピッカピカに輝いていました。**

ＰＬ学園のエース投手だった上重聡君は、幼稚園、小学校、中学校と一緒で、大切な友達です。

彼は小学生のときから、プロ野球選手を数多く輩出することで有名な「八尾フレンド」というボーイズリーグのスター選手でした。「上重君、かっこいいなぁ～！」とその頃からずっと思っていたわけです。

余談ですが、僕は小学生の頃、剣道をやっていて、八尾市の大会では毎回、優勝するくらい強かったんです。で、卒業文集には「剣道がいつかオリンピック種目になったら、僕も出場して金メダルを取りたい」みたいなことを書いたんですが……実は、剣道に思い入れ、ぜんっぜん、なくて。

じゃあ、なんでそんなことを書いたかというと、上重君が卒業文集に「プロ野球選手になる」と書いていたからなんですね。だから、当時は野球じゃなくて、剣道にしたんです。上重君には勝てないと思ったから……。

ちなみに上重君は、現在は、日本テレビのアナウンサーとして活躍しています。

そんな友達が、夢の大舞台、甲子園で大活躍をしているのを見たら。

しかも、あの、松坂大輔投手——高校生でありながら150キロ超えの剛速球を投げ、「平成の怪物」と呼ばれるスーパー球児——と投げ合っているのを見たら。


友達ならやっぱり、**「頑張れ！」**って思いたいじゃないですか。

心の底から応援したいじゃないですか。

でも……僕はそのとき、恥ずかしいんですけど、そう思えませんでした。

だって上重君……眩しすぎるんやもん！

眩しすぎて、テレビ観てるの、辛かったんやもん！


とはいえ、大事な友達の活躍を素直に喜べない、自分の心の貧しさ……。

それは、どうしても嫌でした。

だから、本気で思ったんです。

「自分を変えたい！」

エピソード
1
普通の高校球児、イメトレだけで、リアル松坂大輔になる！

はい、そこで、松坂君です。

僕は自分を変えて、**あこがれの松坂大輔君になることにしました。**

唐突ですか？

ですよね〜！

そもそも僕自身、それまでプロ野球選手になりたいと思ったことなんて、一度もなかったんです。

でも、もし……ひどいケガをした僕が、「平成の怪物」と呼ばれる松坂君みたいに、１５０キロ級の剛速球を投げるプロ野球選手になれたら？

そうしたら、いろいろなハンディキャップを背負ってる子に、夢や希望を与えられるんちゃう？

そんなの……**めっちゃカッコイイやん！**

そう思ったら、沈んだ気持ちがフワッと浮き立って、急にワクワクしてきたんです。

え？　そこは利き腕が動かないわけだから、普通に考えたら、「できるわけない」「無理や」となるシーンじゃないか、ですか？

確かに、普通はそうだと思うんです。

だけど、「松坂君になりたい！」「なる！」と思ったら、ワクワクが止まらなくなって、やらずにはいられなくなりました。

ワクワクして生きる。

これが、すごくよかったと思うんです。

なぜなら、ワクワクして、リラックスして、毎日を楽しんで生きていたら、宇宙って、同じように、ワクワクするミラクルを還してくれるみたいなんですよ。

エピソード
1
普通の高校球児、イメトレだけで、リアル松坂大輔になる！

僕の場合、最初のミラクルが——あの衝撃の出会いです。

利き腕が動かない状態から、どうすれば松坂君になれるのか。

まったくわからなかった僕は、とりあえず行動しました。本屋に行ったんです。

で、まずは当然、野球のコーナーに行くわけです。でも、野球のトレーニングを一生懸命やっても、なんとなく松坂君になれる気がしなかったんですね。

「それなら、めっちゃ力をつければ球が速くなるかな？」とボディービルのコーナーにも行ってみたんですけど……ムキムキになってもねぇ？　やっぱり、速い球を投げられる気がしないわけです。

「なんか違う方法を……」と考えて、僕は生まれて初めて自己啓発のコーナーに行きました。

すると……ありましたよ、そこに。

「キラーン！」と強烈な輝きを放つ本が。

それが……

『思考は現実化する』ナポレオン・ヒル 著、田中孝顕 訳、きこ書房

……へ〜。そうなんや！
イメージしたことは現実になるんやぁ〜。

受け取っちゃったんですよね、僕は。そんなメッセージを。

で、そのキラーン！と光るメッセージをとっても大事に胸に刻んで、いそいそと家へ帰ったわけです。

ちなみに、本は買わずに帰りました。というか、ページすらめくらずに帰りました。

だって、この本……めっちゃ分厚いんですよ！　この表紙のバージョンだと、なんと610ページもあるんです。そんなの……読める気しないじゃないですか。

なので、ヒルさんには申し訳ないんですけど、実は未だに、この本は1ページも読んでないんです（苦笑）。

でも、まぁ、**だいたい合ってたん**じゃないですかね。

だってマンガでもお伝えしたとおり、ホンマにイメトレだけで、実際にありえないくらい球速が上がったんですから。

だから、ありがとうございます、ヒルさん！

ありがとうございます、宇宙！

ちなみに、僕がどんなイメトレをしていたかというと、夜、自室の4・5畳間にこもって、「俺は松坂や！」と自分に言い聞かせながら、ビデオで松坂君の投球フォームを、2時間、ひたすら見るだけ……。

これを丸1年、1日も欠かさずに続けたんです。

松坂君がプロに行ったあとは、彼がデビュー戦で155キロを叩き出したストレートの映像を、繰り返し、繰り返し、繰り返し見ました。

部屋の明かりをつけてたら気が散るので、真っ暗にして、テレビに覆い被さって、繰り返し、繰り返し、繰り返し……。

そんなヤバ気な姿を……折悪く、母に見られてしまったわけです。

お母さん、入ってきたかと思ったら、すごい勢いでトビラを閉めて、あっという間に出てっちゃいまして。

「あ、アカン、これは勘違いしてるヤツや」と思って、

「違うねん、お母さん！　これは……」と説明しようとしたんですけど、

「い、いいの！　いいのよ！　しんちゃんも年頃なんだから！」

と目も合わせずに行っちゃいまして……（苦笑）。

だからお母さん、未だに、僕が**エロビデオ**観てたと思ってるんですよ。

でも、違うねん！　あれはホンマに……松坂君やねん！

そんなイメトレを3ヵ月続けたら、目を閉じていても、頭の中に、松坂君の投球フォーム映像を、白黒で出せるようになりました。

半年続けたら、いつでもカラーで出せるようになりました。

そのうち、松坂君の呼吸や、構えてから投げるまでの間、さらには球場の雰囲気まで感じられるようになってきた……気がしました。

そして、1年近く、イメトレを続けたある日。

自分の投球フォームのリズムと、松坂君のフォームのリズムが、イメージの中でぴったり一致した気がしたんです。

その翌日です。

信じがたいことに、体の「背面側」が、筋肉痛になりました。

後でわかったんですが、パフォーマンスが低いとき、人は、力んで体の前面の筋肉を使うんだそうです。でも、ハイ・パフォーマンスの人は、肩甲骨周りとか、背骨・骨盤・大腿骨をつなぐ腸腰筋とか、太ももの裏側のハムストリングとか、

「背面側」の筋肉を使うらしい。

そういう場所が、初めて筋肉痛になったんです。

松坂君の投球フォームのリズムをイメージしてただけなのに、**筋肉痛**になっちゃったんです。

イメージしただけで筋肉痛って……。

やば！　イメージの力、やば！

これをきっかけに、僕はイメージが連れて行ってくれるあやしげな世界（笑）に、どんどんのめり込むようになりました。


その後、ようやくリハビリも終わり、お医者さんから「投げていいですよ」と許可が出て、初めての投球で、プロ野球選手並みの１４５キロが出たわけです。

筋肉痛になったことでも感じていましたが、イメトレは信じられないほどメッキメキに、僕の全身を作り変えてくれました。

こんなミラクル、存在するんです。

イメージの力は、現実の肉体をも変えるんです。


そのときに、わかりました。

「ああ、人間の可能性ってホントに無限やな」って。


それまでの僕は、何もうまくいってなかったから、出てくる言葉が「だるい」「最悪や」「どうせ俺なんか」と、そんなネガティブなものばっかりでした。

そのせいか、何かにチャレンジするときも、「どうせ俺なんか、できひん」「人間の可能性なんか、もう知れてるわ」と、どこかそんなふうに思っていました。

だけどそれが、このときから「人間の可能性って無限！」に変わったんです。


意識が変わったら、自分から出てくる言葉も自然に変わりました。

「無理や」「できない」が、「大丈夫！」「できる！」になったし、誰かに「○○になりたい」と相談されたときも、「大丈夫！　なれるよ」とごく自然に思えるようになりましたし、前向きな言葉がけもできるようになりました。

そうやって、大切な人の可能性を信じてあげられること。

それが、相手にとって、ものすごいパワーになることを、今の僕はとてもよく知っています。

とにかく、ポイントは「イメージの力には、現実を変えるすごいパワーがある」ということ。

もちろん、**あなたのイメージ力にだって、そんなパワーがあります。**

ここ、めっちゃ大事です。絶対、覚えておいてくださいね！

マネーのスパイ・メモ❶

あこがれの〝あの人〟のパワーを手に入れるには？

——それにしても、いきなり145キロなんて……ホントになんで投げられたの⁉

——フフフフ……すごいですよね、僕！　おそらくですけど、リハビリで右腕が使えるようになるまでの丸1年、ボールをまったく投げられなかったのがよかったと思うんです。

——ん？「投げられた」じゃなくて、「投げられない」のがよかったの？

——イエス！　だって、イメトレで松坂君と自分のフォームが一致する前に、投げられるようになってたら、たぶん球速は前と変わらなくて、「やっぱ自分、松坂ちゃうやん」となったと思うんです。でも、投げられなかったからこそ、その間ずっと、脳に「俺は松坂や！」と勘違いさせられた。

——なるほど！　1年間、頭の中で、本気で松坂君になりきってたのがよかったのね。

——と思うんですよね～。とにかく松坂君の映像を見続けることで、彼が投げるときの「瞬間的なエネルギーの使い方」を、脳を通じて全身にコピーしていたというか……。

——瞬間的なエネルギーの使い方？

——そう、このタイミングで力を抜くとか、抜いた力をこっちで集めて一気に解き放つとか。筋トレのときも、彼が投げる瞬間に力を集約するポイントを意識しながら、同じタイミング、強度、スピード、リズム、呼吸なんかを全部イメージして……。

——へ、へぇ～……。

——とにかく、完璧なイメージを頭の中で自動再生できるようになるまで、ひたすら映像を見続けたのがポイントですね！　そしたら野球に限らず、あこがれの人のエネルギーの使い方が身につく——と思うんですよね～。

episode《エピソード》 2

夢・目標を追いかけるのは、苦しい!? 宇宙が僕にくれた、最高の幸せへの転機とは

そう
人間の可能性は
無限大!
ぱんぱかぱーん
イメージの力で
松坂くんに迫る
剛速球を投げた僕は
そんなふうに
思ってました…
ねえ
なんでケガして
1年後の初投球で
145キロ出るの?
ヘンタイなの?
あれは正直
ぼくもドン引き
ですわ
当時は努力すれば
なんでも叶うと
思ってたわ
努力信者
やったな~
フッ
つ…つまり
努力に継ぐ努力で
奇跡の営業力を
手に入れたのね?
ようやく彼のヒミツが…!
サッ
…と
思うやろ?
残念!!!
ブーー
ちっ
自らの
スバラシイ才能に
おののいた僕は—
イメージ
だけで
こんだけ
やれるなら
プロ
イケるん
ちゃう?
ドオオオン

それからはホンマ死に物狂いで練習した
ふんぬ――っ!!
じいいいいい!!
うおおおおお
シュタタタタタタ!!
ひっ
忍者!!
キャン!?
〇〇小学校
ちなみにすでに高校卒業してニートだったから練習はもっぱら母校でね…
エヘヘきちゃった♡
また来たんすか先輩!?
なんか切ないな
ご両親は何も…?
はずかしいからやめてとか…
周りからはいろいろ言われてたみたいだけどね
それでも『好きなことをしなさい』って背中を押してくれたよ
いろいろあって父がウツになったときも…
ブツブツブツ
スキャンティのギャルが1人…
スキャンティのギャルが2人…
ブツ
野球やめて家計を支えたほうが…
しんちゃん…

あんた
家出なさい
あんな
お父さん見てたら
気になって
野球できへんやろ
え…
そうやで
俺のせいで
好きなことを
やめてくれるな
お前には
好きな道を
とことん歩んで
ほしいんや
そういう父は
この家を継ぐために
かつて自らの夢を
諦めていた
フフ…夢か…
今なら そうやな…
若いお姉ちゃん
50人くらい集めた
ハーレムを…
ニヤニヤ
ドシーッ!!
両親の想いに
報いたい
奮起して受けた
プロテストでは…
うん…
スカウト
こういう子が
プロに行くんや!

プロ野球に行くのが
僕の運命やと思ったし
実際
ウォームアップでは
絶好調
ところが
投球テスト前の
遠投で肉離れ――
うぅっ
えぇぇぇぇ
絶妙に最悪な
タイミングで…
そんな
ありえない
ようなことが…
やろー？
でも、その後も
ありえない
ようなジャマが
プロテスト直前で
何度も何度も
何度も…
ちょっと今回は…
いたい…
いた――っ!!
さすがに
この頃に
なると…
れんしゅう
れんしゅうせなあぁ
夜中3時だぞ
うん
完全に
おかしく
なってた
ワクワク
したくて始めた
野球なのにね
気づけば、26歳
――で？
CAFE

いつまでやるん？野球
そろそろええんちゃうの？
いやでも俺、まだ…
ばんっ
ガタ
働かず野球を続けることで彼女にもフラレた
そんなとき友人の結婚式で…
ワイワイ
Happy Wedding
2次会!!
…しん〜！現実見ぃや〜
俺らもう26やで？
いい加減就職して…
そうかな…
あなたの目ぇ見てたら私はなんかやれると思う
うん しんちゃんなら大丈夫！野球選手なれるよ！
僕はエリちゃんと出会った

僕を信じてくれる人がいる家族以外で
それが何よりもうれしかった
こやき
おごったる
…エリちゃんのためにも
もう一度がんばろ!
祈りが届いたのか例のスカウトさんに再び見てもらえることに
ギュッ
…いい球だなうん
ズバーンッ
しかし―
ただ、その歳で球が速いだけというのはな
26歳で実戦経験ないんだろ?
もう諦めたほうが…

広島風お好み焼き
おまたせしました
ジュウウ…
…今まで ありがとう
俺 野球やめるわ
なんだか 憑き物が落ちた ようだった
…そうか
はは
後でおかんや エリちゃんにも お礼言わな
父は何も言わずに そばにいてくれた
うれしかった
…そして 無言で店員の 女性に電話番号を 渡していた
NO!
おやっさん…

なるほどねーー
そこから…
今度は保険の
トップ・
セールスマンへの
険しい道のりが
始まるのね…
え？
だって
本も1ページも
読まなけりゃ
ずっとニートで
野球ばっかやってた
わけデショ？
さらりと
ひどいやん
ただね…
今ならわかるけど
僕がプロ野球選手に
なれなかったのは
宇宙の采配や
ないかな、と
…は？
ペかーーっ
だって
宇宙はこのあと
僕がプロ野球選手になる
以上に幸せになれる
別の道を用意して
くれていたからね!!
超絶あやしい!!

夢・目標をあきらめる。
それって、つらいことだと思われてますよね。世間では。
あなたはどうでしょうか？

夢・目標をあきらめたら、なんとなく「幸せ」になれないような気がしてませんか？

だって「幸せ」って、夢・目標を叶えた、その先にあるような気がするし。


もちろん、僕もそう思ってました。

だから、「プロ野球選手になる！」という夢に、とことんのめり込みました。

その期間——なんと9年です。18歳から26歳まで、僕はバイトもせずに、プロ野球選手になることだけを夢見て、猛特訓を重ねました。

だって、夢を追うのをやめたら、「幸せ」になれないと思ってたから。


でも……今ならわかります。

エピソード 2
夢・目標を追いかけるのは、苦しい⁉
宇宙が僕にくれた、最高の幸せへの転機とは

夢・目標を追わなくても、人はものすごく幸せになれる。

なぜなら僕は、この後、「夢・目標を追わないスタイル」になったんですが、すると、想像を遥かに超える幸せがどんどん叶うようになったんです。しかも、ありえないくらいのスピードで。

「大丈夫。夢・目標を持たなくても、人は最高に幸せになれるんやで！」

もしかしたら、宇宙がそれを教えるために、僕にプロ野球選手への道を進ませなかったんじゃないか。ときどき、本気でそう思うことがあります。

え、単なる勘違い？　そうかもしれません（笑）。

でも、やっぱり思うんです。

がんばっても、どうがんばっても、その先へ進めないときは、

「そっちじゃない、アンタがもっともっと幸せになれる道は、別の方向やで！」

宇宙がそう教えてくれてるんじゃないか、って。

どんなに努力しても前へ進めないとき。
きっとそれは、僕や、あなたの、最高の幸せへの転機やと思うんです。

はいっ！
というわけで、プロ野球選手の夢を追うのをやめた、しんちゃんです♪

いや〜、絶対になれるって思ってたんですよねー！　プロに。
だって、「人間の可能性は無限大！」だし、日々の猛特訓が功を奏して、一時期は１５０キロ近い球速が出るようになってたし。

ちなみにその頃、うちの近所では「学校に忍者のお化けが出る」という噂がありました。

カンのいいあなたなら薄々おわかりかと思いますが、忍者の正体は、もちろん僕です（笑）。

一人で黙々とやるピッチングや筋トレに加え、夜、近所の小学校の校庭に忍び込んで50メートルダッシュを50本やるのが日課だったんですが、それを見たご近所さんたちの間で「出んねん、夜、校庭に！　忍者のお化け！」と噂になっていたそうで。

夜中に黒づくめのジャージ姿で猛ダッシュしてたので、おそらく僕、相当、忍者っぽかったんでしょうね～（苦笑）。

そんな特訓の甲斐あって、広島カープのスカウトマンには、

「こういう子がプロに行くんや！」

と涙が出るほどうれしいことを言ってもらえました。

そんなの……**「俺、めっちゃいけてるわ！」**って思うじゃないですか。

「絶対プロ行けるわ！」となるじゃないですか。

でも……満を持して受けたプロテストでは、ピッチングの直前にやる「遠投」で、肉離れ。

しかも、似たようなことが、何度も、何度も起こりました。

プロテストのタイミングで、必ずケガやらなんやらのトラブルに見舞われるんです。

本当に、見事なまでに、プロ野球と僕のタイミングが合わない。

誰よりも努力した自負はあります。

それなりの実力も、あったと思っています。

けれど、それでもうまくいかないときが、やっぱりあって。

次第に僕は、「プロになりたい！」ではなくて、「何がなんでも、プロにならねば……！」と思うようになりました。

なぜかというと、周りの同級生たちが立派に仕事をしている中で、僕だけ両親に、好きな野球を好きなだけさせてもらっていたからです。

高3でケガをした直後。

利き腕が動かないのに「松坂君になる！」とワケのわからないことを言い出した僕に、両親は「アカン。ヒジ壊れてると思ったら、頭壊れてる……」と初めはドン引きしていました。そりゃ、そうですよね。

でも、僕がなぜ松坂君になりたいのかを熱を込めて話すと、「わかった。しんちゃんは大学に行ったつもりで、4年間は好きにしたらいい。応援するよ！」と笑顔で言ってくれました。

だから僕は、高校卒業後は、就職もバイトもせずに、野球だけに専念できたんです。

けれど、両親にお世話になる時間が長引くにつれて、

「プロ野球選手にならないと、親に会わせる顔がない」と思うようになりました。

だから、「なりたい」じゃなくて、「ならねば」。

「ならねば」だから、めっちゃ頑張る。激しい練習を繰り返して、めちゃめちゃ自分を追い込む。結果を出さねばと焦れば焦るほど、不安で眠りも浅くなり、夜中の3時に飛び起きる。そこから練習を始めることもしょっちゅうでした。

ちょっと想像してみてください。真夜中に一人、鬼気迫る顔をした男が、黙々とバーベルとか上げてるわけですよ。暗闇の中で、ネットに向かって、スパーン！　スパーン！　と刺さるような球を投げてるわけです。

そうやって焦って、ケガをする。

治ったらまた自分を追い込んで、ケガをする。

完全なる悪循環に、どっぷりです。

こんな毎日だから、野球をやるのがどんどん苦しくなってきました。

変ですよね。大好きで、ワクワクしたくて始めた野球なのに。

エピソード
2
夢・目標を追いかけるのは、苦しい!?
宇宙が僕にくれた、最高の幸せへの転機とは

「なんか、毎日が不幸せや……」

やがて、そう思うようになりました。

この先、夢・目標を叶えてプロになった僕は、キラキラと輝いて、毎日が幸せなんやろうけど。

それなら……今の僕は？

プロになれてないから、つまりキラキラしてないし。アカンやん。なんだかなぁ。

そんなふうに思うようになったんです。毎日、毎日、不幸せやな、って。

でも、不幸せで当たり前なんですよ。だって、自分で、自分を幸せにする許可を、夢が叶った未来に設定していたし。なおかつ、今の自分を否定して「×」を出し続けていたし。

なんというかこれ……**夢・目標を持つこと「あるある」**だと思うんですけど。

人ってときどき、未来の幸せのために、今の自分をないがしろにするじゃないですか。

だから、当時を思い出すと、僕はものすごく苦しくなるんです。

あのとき、毎日を幸せに生きられてなかったな。

自分に厳しくするばかりやったな。

自分に優しくできなかったな。

あのときの自分に「ごめんな」って……。

夢・目標が叶ったところを幸せのゴールに設定したら、夢・目標が叶わなかったら、永久に幸せになれないんですよね。

そのことに気づかないまま、僕は26歳になっていました。

＊

最後のチャンスだと思って、広島カープのスカウトマンに再び投球を見てもらったとき。

「球は速い。ただ……26歳といえば、もう実戦経験を積んでないといけない歳だよ。だから実戦経験のない君は、もう諦めたほうがいいんじゃないか」

それが、僕がいただいたアドバイスでした。

ああ、もう、野球、やめないといけないな。

心は不思議と落ち着いていました。

まるで憑き物が落ちたように、僕はストンと野球をやめようと思いました。

だって、これまでとことん、頑張ってきましたし。

同時に、湧き上がってきた想いがありました。
それは――**感謝でした。**

まず、母への感謝です。

僕の実家は地元・八尾で1000年以上続く旧家なんですが、うちが本家で、周りに分家の親戚がたくさん住んでいます。

で、母は心配する親戚たちに、「本家のしんちゃん、まだジャージ着てフラフラしとるけど、働かせたほうがええんちゃうの?」と何度も言われていたんです。

でも母は、「**いや、しんちゃんは夢を持っていいやん! がんばり!**」とずっと周りの声をさえぎって応援してくれました。

それが、本当にありがたかった。

それから、父への感謝です。

父は若い頃、家庭の事情で、本家であるうちを守るために、大学をやめてずっと働いてきました。そんな父からしたら、「俺も苦労してきてんねんから、おまえもいい加減、野球なんかやめて働けよ」と言ってもよかったと思うんです。

けれど、父は「**お父さんは好きなことをできひんかったから、おまえは好きなことを、好きなだけしろ**」と笑顔で支え続けてくれました。普段は「そこのお姉ちゃん、やってるかーい!」と下ネタしか言わないんですけど(笑)、ずっと野球をやる僕のファンでいてくれて、投げる姿をうれしそうに見ていてくれました。

そんな父が、仕事が好きになれず鬱になり、働けなくなったことがあります。

その頃、家計的にも厳しくなっていたはずなんですけど、それでも両親は僕に野球を続けさせてくれました。

ここには書き切れないけれど、姉も、妹も、懸命に僕を応援してくれました。

ありがたい家族のおかげで、僕は9年間も好きな野球を続けることができたんです。

それに――エリちゃんとの出会いがありました。

エリちゃんと出会った頃の僕は、いい歳をして野球しかやっていない、ほとんどニートみたいな存在でした。

ちなみに、前の彼女には「スネ夫」と呼ばれたことがあります。「26歳にもなって、親のスネを齧っている、スネ齧りのスネ夫」だそうで。いや〜、うまい！　もっともやね！　返す言葉もありません……（苦笑）。結局それで別れることになったし、友達にも「いい加減、現実見いや」「そろそろ就職しいや」、そう言われるばっかりでした。

そんな中、初対面でエリちゃんだけが、

「しんちゃんの目ぇ見てたら、私はできると思う。応援するよ！」

と笑顔で言ってくれたんです。

それが、泣きたくなるくらい、うれしかった。

ドキドキしながら連絡先を聞いて、震える指で番号を登録して。付き合うようになってからは、エリちゃんがデート代なんかもよく出してくれました。僕はずっとお世話になりっぱなしでした。

家族以外で、エリちゃんだけが、お金も、仕事も、何もない僕を信じてくれました。寄り添ってくれました。

支えてくれたんです。

今まで支えてくれて、ホンマにありがとう。

今度は僕が、感謝の気持ちを返していきたい。

支えてくれた大切な人たちを、笑顔にしていきたい。

エピソード
2
夢・目標を追いかけるのは、苦しい!?
宇宙が僕にくれた、最高の幸せへの転機とは

夢を追うことをやめた僕の心に、そんな想いがフツフツと湧き上がってきました。

プロ野球選手にはなれなかったけど、実はけっこう幸せだったのかもしれない。

夢・目標を追うのをやめたとき、僕はそれに気づきました。

このとき、僕が進むべき、新たな道が見えました。

それが、**「大切な人を笑顔にする道」**です。

そしてこれが、**最高の幸せへとつながる道**だったわけです。


だから、もしあなたが、夢に破れそうでも、目標を見失いそうでも、大丈夫。

やるだけやって進めないのは、あなたがもっと幸せになれる道が、きっと他にあるからなんです。

だから、夢・目標を失うことを、怖がらなくて大丈夫！

僕はそう思うんです。

ちなみに、このあと、27歳にしてようやく社会人デビューを果たした僕は、
めっちゃスピーディーに「最高の幸せの入り口」にたどり着きます。
だいたい3ヵ月くらいで。
フフフフ……結構、早いでしょう?

ただね、やっぱり、はじめてですから。社会人やるの。
そこはほら、あなたの想像どおり……ちょこっと、つまずくわけです。
こんなふうに。

episode《エピソード》

3

「キレイごと」で仕事がしたい！入社2カ月で退社して、独立・起業!?

保険営業のお仕事
あるある生命保険代理店
お客様に喜ばれる仕事です！
…これや！
カッ
それまで追い続けてきたプロ野球選手への夢をあきらめた僕は―
『喜ばれる仕事』ぴったりやーん！
求人情報
希望に燃えていた
ウフフフ
これまで支えてくれた人たちへの感謝のスイッチが入ったからだ
みんなありがとう♡
だから大切な人たちを笑顔にできる仕事をしたい！

なんせ26歳までバイトすらしたことなくてね～
両親はもちろんエリちゃんにもよくごちそうに…
あと新婚ホヤホヤの姉の家に居候してたことも…
オレは！
松坂に！
なるぅぅう!!
ごめん…
うん…
うわーお義兄さん気の毒…
でも安心したわ落ち込んでまた妙なビデオ抱えて個室でハァハァ言ってたのかと…
誤解招くからその言い方やめて
ちなみにこのときの僕はファイナンシャル・プランナー2級の資格を取得済み
なぜなら―
アンタ野球やめたならお金の勉強だけしとこうや
なんで？
あんたアホやから騙されそうやし
きっぱり
アホて…
そんなわけで響きがかっこよかったファイナンシャル・プランナーの2級を受験
響きがいい!!
ファイナンシャルプランナー試験会場
アホですやん

2級は
国家資格だから
難しくてね～
エンピツサイコロで運をつかめ！
小学生がやるやつ!!
4
ほぼ
これで解答して
なんと一発合格！
うそだーー
野球のときは
死ぬ気でやっても
あかんかった
のにな～
やっぱり宇宙の采配って…フフフ…
とにかく
大切な人を
喜ばせる
仕事をしたい！
きゅっ
そんなキラキラ
した気持ちで…
ネクタイくらい
しっかり結ばないと
モテへんで
…
初の社会人生活へ
船出した僕を
待ち受けていたのは…
あるある生命
おはよう
ござい
まーす！

ズ〜ン
ウィ〜ン
これは……
…どなたか亡くなったん？
暗あ〜…
翌日
おは…！
ずず――ん ずーん
その翌日―
待って待ってもしかして
これが普通なのぉ〜？
そう きっつい、きっつい ノルマのせいで 同僚たちはみんな おかしなことに…
契約とれない…
やめたい けど家族いるし…
仕事つらい…
めっさこわい！
なんの地獄!?
ひいぃぃぃ
ホホホ
あら会社ってこんなもんよ〜

エライとこに来てもうたな…
それだけではない
アカンに決まっとるやろ！このドぐされが！
ええか!? 今すぐこの契約書…
プルルルル
ハーアッ!?
…はい
あ、田中様～!! はいっ！ その節は誠に… いえいえ いえいえ とんっでもございません！
今の私めがあるのはすべて田中様のおかげでございまして…
コロッ
上司が見事なまでの裏表！
チッ やっすい金額でエバりくさって！ この
ピッ
ピー
聞くに堪えない暴言も多く―
あっという間に突発性難聴に
アカン ここにいたら自分も…
そんなとき
ありがとうございました～
あの…

今のお客様にAプランすすめてましたけどBプランのほうがよくないですか？
あ？
そうやお客さんにとってはな
え？だったらなんで…
アホ!!
キャンペーン中でこっちの保険売ったほうが会社が儲かるからや!!
ドッ
えええええ――！
そんなんおかしいやないですか！
仕事って…お客さんに喜んでもらうためにするものでしょう!?
ねえ！
しーん…
!?
お客様の喜び…って
そんなキレイごとで世の中が回るか！
世間知らず
キレイごと
キレイごと
ヒソ
ヒソ
ヒソ
ヒソ
ヒソ

お客さんの幸せ想って何が悪いね――――ん！
ぴょ――ん
――でたった2ヵ月で辞めまして
エヘ♡
単に逃げたのネ
え、いや！
だって、仕事はお客さんを笑顔にするためのもの！それは心底本気で…！
ただ…この時点で言えば先に笑顔にすべき人がいたんやけどね～
実はこのときエリちゃんにプロポーズしてまして…
就職決まりました！ケッコンしてください!!
ええよー
はあぁ!?
……まぁさすがに僕もマズいな～と…
天才的な間の悪さネ！
すんません会社辞めまして…
独立…しよかな～…って
どきどき…
そうなん？へー…

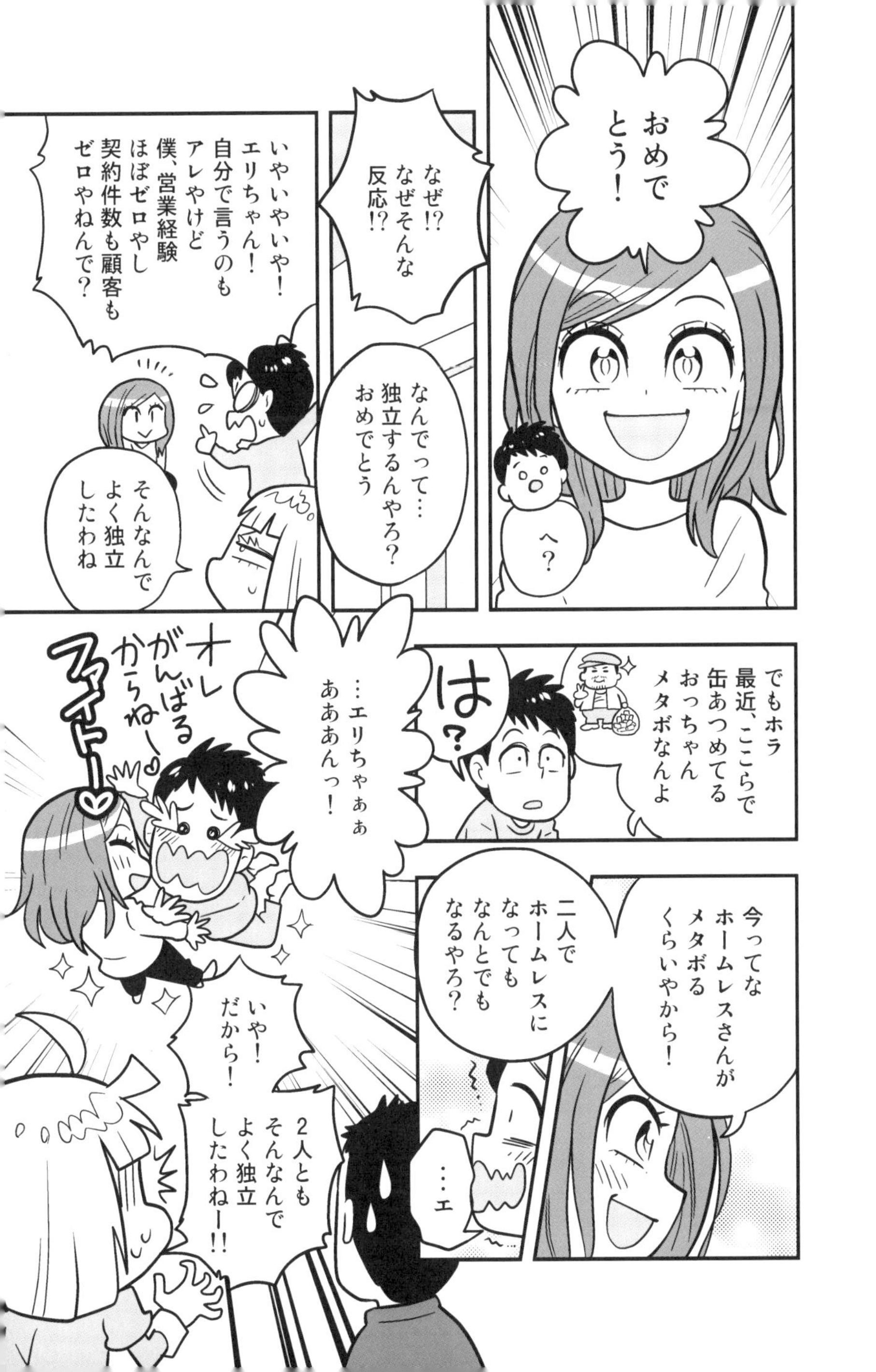
おめでとう！

へ？

なぜ!?なぜそんな反応!?

なんでって…独立するんやろ？おめでとう
いやいやいやいや！エリちゃん！自分で言うのもアレやけど僕、営業経験ほぼゼロやし契約件数も顧客もゼロやねんで？

そんなんでよく独立したわね
でもホラ最近、ここらで缶あつめてるおっちゃんメタボなんよ
は？

今ってなホームレスさんがメタボるくらいやから！

二人でホームレスになってもなんとでもなるやろ？

…エ
…エリちゃぁぁあああんっ！

オレがんばるからね～

ファイト～

いや！だから！

2人ともそんなんでよく独立したわねー!!

安定。

心がどっしり落ち着く、なんとも素敵な言葉です。

それまで不安定だった僕が、「野球をやめる」と決めたあと、まず目指したもの。

それが安定でした。

だって、これまでお世話になった家族に恩返ししたかったし。

支えてくれたエリちゃんを、今度は僕が支えたかったし。

とはいえ、せっかく入った会社を、たった2ヵ月で飛び出してしまい、あっという間に不安定になったわけですが……。


ただ、進んだ方向は**大正解！**

その証拠……だと、僕は思ってるんですけど、ファイナンシャル・プランナーの資格である「FP技能士」2級の試験に、なんと一発で合格したんです！

これ、国家資格なのでけっこう難しくて、当時、合格率は2割と言われてたんです。

実際、試験を受けてみて、僕、思いましたもん。

「受かるの絶対……無理やろう！」って。

それくらい、大半がわからなかったんですよ。

だから、**エンピツ転がしまくりました（笑）**。ありがたいことに、問題が４択だったので。

それで６割正解しないと合格にならないんですが、ちょうどぴったりの６割取って合格です。

絶対無理やと思ってたのに、一発合格。

野球はあんなにやってもアカンかったのに……。

だから、**「この方向で行け」ということなのかな、**と思ったんですよね。

宇宙が僕に指し示してるのは、こっちなんだな、と。

進むべき道に進むと、どうやらものごとって、スムーズに流れるみたいなんです。

晴れてファイナンシャル・プランナーになった僕は、さっそく某就活サイトで職探しを始めました。そこで「おっ！」と思ったのが、ある保険総合代理店が掲げていた、「お客様に喜ばれる仕事」というフレーズです。

これから家族やエリちゃんに喜んでもらって笑顔にしていくんだと思っていたし、

そもそも仕事って、お客様を笑顔にするためのものだと思ってたし。

お客様に喜ばれる仕事……ええやん！　これや！

あぁあ〜〜〜、めっちゃワクワクするー！

ということで僕は、**保険の営業マン**になったんです。

エピソード

3

「キレイごと」で仕事がしたい！
入社2ヵ月で退社して、独立・起業!?

「おはようございますっ！」

出勤初日。

僕、自信があるのは元気だけだったんで、めっちゃ笑顔で大きな声で挨拶しました。

そんな僕を待っていたのが……**お通夜？** みたいな。

フロアの空気があまりにどよーんと重いので、ホンマに誰かが亡くなったんだと思いました。

……オッケー、空気読むわ！

なんてったって、社会人やし！

僕は、はりきってそう思いました。

だから、その日は一日中、沈痛な面持ちで、仕事を教えてもらっていたんです。

でも、翌日も、その翌日も――さすがにこんなに人が死ぬわけあらへんな、と。

そこでようやく、これが普通なんやと気づいた僕の気持ち。

ホンマ、「ありえへん！」ですよ！

「いや、ありえないのはお前や！」と言われそうな気もしますが、このときは、心底ビックリしました。

これが、僕が初めて足を踏み入れた、大人の世界だったんです。

今まで感じたことのない重圧に、僕はたちまち「どよーん」となりました。

たとえば、僕の直属の上司は、『ナニワ金融道』に出てきそうな、コテコテの「稼げればええんや！」的な方でした。お客様の前ではニコニコ・ペコペコ。ところが、お客様の姿が見えなくなると一転、それはもう、思い出すだけで耳が痛くなるような悪口を……。

「いやや～！　聞きたくない～！」と思っていたら、上司が座っていた右側の耳だけが詰まったみたいになって、あっという間に聞こえなくなりました。すごいな。体って、なんて正直なんや……（苦笑）。

上司は上司で、いつもしんどそうでした。

「仕事楽しくないんですか？」と聞いたら、「そんなん、楽しいわけないやん。辞めれるなら辞めたいわ」。「じゃあ、なんで辞めへんのですか？」と聞くと、「そんなん、食べていかんとあかんし、家族がおるからしゃあないやろ」。

他の先輩たちもそんな感じで、話を聞いてるだけで、「なんかしんどいなぁ」と、どんどん気持ちが滅入ってきます。

でも、僕が一番キッツイなぁと思ったのは、お客様よりも、会社のメリットが優先されていたことでした。例の上司に、僕は聞きました。

「なんでこっちを売るんです？　あっちの保険会社の商品のほうが、あのお客様が得するじゃないですか」

「そんなん、こっちを売ったほうが、ウチの会社が儲かるからや！」

会社の利益が増えないと、社員に還元できなくて、みんなが食べていけなくなる。だから、会社の儲けを優先するのが当たり前。どうも、そういうことみたいなんですね。

「でも……お客様に喜んでもらうのが仕事やないんですか？」

これ、ずっと本気で思ってるんですけど、僕はそう言ったんです。

みんなの前で。

そうしたら、場の空気が、**シーン（笑）**。

「……いやぁ～、彼は白いボールを追いかけすぎたおバカさんやから。なんにも世間のこと知らへんねん」とか言われてしまうわけです。さらに、

「そんなんは建前。キレイごとや」

「売上とらんで、どうすんねん」

「もっかい野球やれや」

「アホや」と、もう散々……。

せやから……

「それじゃ、**自分でやります！　独立します！**」

そう言って、飛び出しちゃったんです。

エピソード
3
「キレイごと」で仕事がしたい！　入社２ヵ月で退社して、独立・起業!?

たった2ヵ月で。

まだ仕事、まったく覚えてないのに！


いやー……さすがに僕も悩んだんですよ。

「これが大人の世界のあたり前なんかな？　こういう考え方になじまれへん僕がアカンのかな？」と。

だって、会社の先輩たちはみんな優秀に見えましたし、そんな先輩たちと僕は全然違う考え方だったし。だけど、あの世界になじむのが、僕はどうしても怖かった。辞めるより、会社に残るほうが怖かったんです。

それに、人生って1回だけだから。

自分の想いを貫いて、フルスイングで、ワクワクしながら楽しく生きよう！

そう心に決めて、飛び出したんです。ホンマはめっちゃ怖かったけど。

「この……社会不適合者！」

いくら仏のエリちゃんも、今回ばかりは、そう言って怒るだろうな……。

会社を辞めたことを話す直前、僕はそんなふうに思ってビクビクしていました。

ようやくこれからサラリーマンとして、安定したお給料をもらえる。だからプロポーズして、ＯＫをもらった直後だったのに。


なのに、エリちゃんの第一声、「おめでとう！」ですから。

さすがに僕もびっくりして、「いや、独立って言っても、自慢やないけど、僕、1件も契約したことないねんで？　仕事のやり方もわからへんねんで！」と本当に自慢にならないことを、自信満々に言ってしまいました。

そしたらエリちゃんは笑って、**「しんちゃん、大丈夫や」**。

「最近、うちの前の空き缶集めに来てくれる浮浪者のおっちゃんらだってメタボやん。だから二人で浮浪者になっても食べていけるよ！　ハッハッハー！」と。

ホンマに気持ちよく笑って。

なるほど……！

よく僕、「頭おかしい」って言われるんですけど。

頭おかしいのはエリちゃんのほうやったんやな、と（笑）。

エリちゃん、頭の配線、何本か切れとるな、と。

だけど、エリちゃんの、この最高にクレイジーな言葉に救われて、「そうやな、きっと大丈夫や。よっしゃ、やろう！」とものすごくラクになったんです。

たくさんは稼げないかもしれないけど、食べていくだけなら、きっと大丈夫。

だから、キレイごとかもしれないけど、「仕事とは、お客さんを笑顔にすることだ」と信じて、貫く道へ。

エリちゃんのおかげで、そんな道への第一歩を踏み出せた僕ですが、まさかこれが、お金について気にしないでいい人生のきっかけになるなんて、このときはもちろん、想像もしていなかったんです。

マネーのスパイ・メモ❷

エリちゃんに聞きました！　パートナーの支え方

――エリはいつも「しんちゃんならできる！」とポジティブに返すそうね。おかげでシンは「自分はできる！」って思えるようになったみたいだけど、エリはどうして、いつもシンに対してポジティブに返せるの？

――あ、それは、目がスターだからです！

――はい⁉　目がスター⁉

――そうなんです。初めて会ったときに、「目がスターや！」って思って。だから……。

――ホントに「シンならできる！」って常々思ってるわけね。目がスターなシンと過ごすとき、エリが心掛けていることはある？

――そうですね～。一緒にいる時間を笑顔で楽しむ、どんなときも受け入れる、

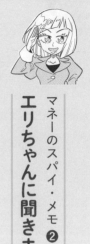

エリちゃんに聞きました！　パートナーの支え方

認める、味方になる、そして小さなことにも感謝することでしょうか。

――うっ、パートナーをどんなときも受け入れて味方になるって、意外と難しいのよね……。相手が自分の理想から外れると、つい拒絶して責めたくなっちゃうし。エリがどんなときも味方でいてくれるから、シンも自信をもってキラキラできるのかもしれないわね。ちなみに、彼のどんなところが好きなの？

――いつも私や子どもたち、家族に優しくて思いやりのあるところと、何よりどんな困難もポジティブに打開し、逆境を跳ね返す、しなやかで強い心があるところをとても尊敬しています。あと、休日にいろんなところに連れて行ってくれて、家族を楽しませてくれるところも！

――シンもエリやお子さんを大事にしてるのが伝わってくる……！　話は変わるけど、最初にエリが言ってた、「シンの目がスター」ってどんな感じ？　たとえば、有名なタレントさんとかスポーツ選手で、同じように目がキラキラしてる人って見たことある？

――見たことないです（笑）。私の人生で、しんちゃんと同じように目が澄んでい

て、惹きつけられた人は彼が最初で他に見たことがないし、この先も現れないと思います。

——ヤダ、なんか目がウルウル来る……！　相手を心から想うこと。それがきっと、相手にとって、ものすごいパワーになるのね。シンのパワーの源が、わかったような気がするわ！

episode《エピソード》 4

がんばらずに、お客様に応援してもらえる！僕が見つけた、究極のシンプル営業法とは

——さて
エリちゃんの後押しで
さっそうと起業した僕は
ひとりで
保険のセールスを
やることにした
目標
月30人や!
新しい
船出やー!!
いよいよヒミツが
明かされるのね!
しかし
そう簡単に
行くはずも
なく——
ゴーー
友達A
アカン
ピシャッ
ビリッッ
友達B
ホンマ
電話して
くんなや!
ボキッ
飛び込み先の
オフィス
保険セールス
しんちゃん
000-xxxx-00xx
トプン…
辞めよか
早すぎぃ!

野球ばっかり
やってきて
友達も少な
かったから
営業先は
あっという間に
尽きた―
…保険って
いざというときの
お客さんの生活を守る
人様に喜ばれる仕事や
なかったんかな……？
…って
アカン！
僕には
守るべき
大切な人が
おるんや！
こういう時は
あそこしかない！
BOOKS J
こ…
これや!!
ヤバー!!
まさに
秘伝書や!!
ヤバ…
これがその
秘伝書
おー
ソウ！ソレヨ！
そういうのが
知りたかったの！
一体どんな秘密が…

ドドン
営業でつかえる！
顧客の心を動かす
㊙テク！
ドン
みるみる上達
魔法の
セールストーク
ドドン
思い通りに
人を操る
ありがちな
本ーーーー!!
あちゃーっ
ぺち
ま…まあ
今となっては
そうなんやけど
当時の僕には
宝を見つけた
気分で…
もちろん
即・実行
お客様が水を
飲んだら…
サッ
こちらも同じ
タイミングで
水を飲む！
実はこの前
2人目産まれて〜
2人目が
産まれたん
ですか〜
オウム返しで相手の
気持ちを上げるテク
なんだか
うまく口車に
乗せられた
気分だけど
契約お願い
しようかな
ガタッ
ありがとう
ございます！
なるほど！
デキる営業マンは
こうやって
お客さんの気持ちを
売りたい保険に
誘導してたんやな〜
これイケるな〜〜
ククク…

ハッ
ガーン
なんちゅう悪い顔や…
しばらくこもります BY:しん
あかん、あかん自分の都合でお客さんを操ろうとするんなら会社の人たちと一緒やん!
モン
モン
そもそも人の気持ちをコントロールしようと思って計算してもできるわけないし…
モン
モン
計算できるとしたら自分の気持ちくらいやけど…
でもな〜…
モン
とにかく3日ほど考えて考えて考えまくった
しゅ〜〜…
もく
もく
しんちゃん!!

と、そこで天啓が——
ん……？保険を売ろうとするからしんどいのでは？
保険を売る＝仕事…ではなく…
『お客様の笑顔をつくる＝仕事』にすればいいのでは？
ワクワク
ワクワク
ワクワク
それならめっちゃ楽しそうやん！
営業やから1日最低2～3人のお客さんに会うことにして…
…1年で1千人を笑顔に！
それならゴハンくらい食べていけるかも
で、人様を笑顔にするのであれば…
まずは自分が幸せに…幸せを感じることやな！
しかも人様に分けられるほどの幸せを…
そのためには…
ワクワク
シュパァーッ
そう幸せのシャワー!!
きたーーーッ!!
さいしょに言ってたヤツ

ってなんで幸せがシャワーに結びつくのよ
イメージですよ
僕にとってはシャワーを浴びることが幸せだなーってイメージしやすいんだと思います
上から降ってくるとか浄化されるとかそんなかんじ
今浴びてるのはお湯やない幸せそのものなんや〜!
って、本気でイメージしたら…
ムキムキ
バキーン
プリ〜ン
キラーン
むっはあぁん
ま
肉体が幸せを感じるようになったんです
いやーイメージの力ってさすがやね!
それホントにイメージの力…?
イメージだけで145キロ投げましたしね
さらにいっぱいになってあふれ出した幸せを…
お客様へ!!
というイメトレをするようになったんですよ
えいッ
服を着ろ
さっきから変な事しか言ってない

でもそこから僕の快進撃が始まったんです
今日のお客様…
名前は「タマ子」さん
シャワワ
ワワ…
大切なタマ子さんまで…
ほとばしれハピネス!!
キラキラ〜ン
16
いらっしゃいませ
어서오세요
本場
…アンタが保険屋さん?
はいっ!しんちゃんと申します!
初めて会うけど
タマちゃんにお会いできること
ぴょーん
くる
くる
めっっっちゃ
楽しみにしてたんです!
ワク
ワク
アンタ…

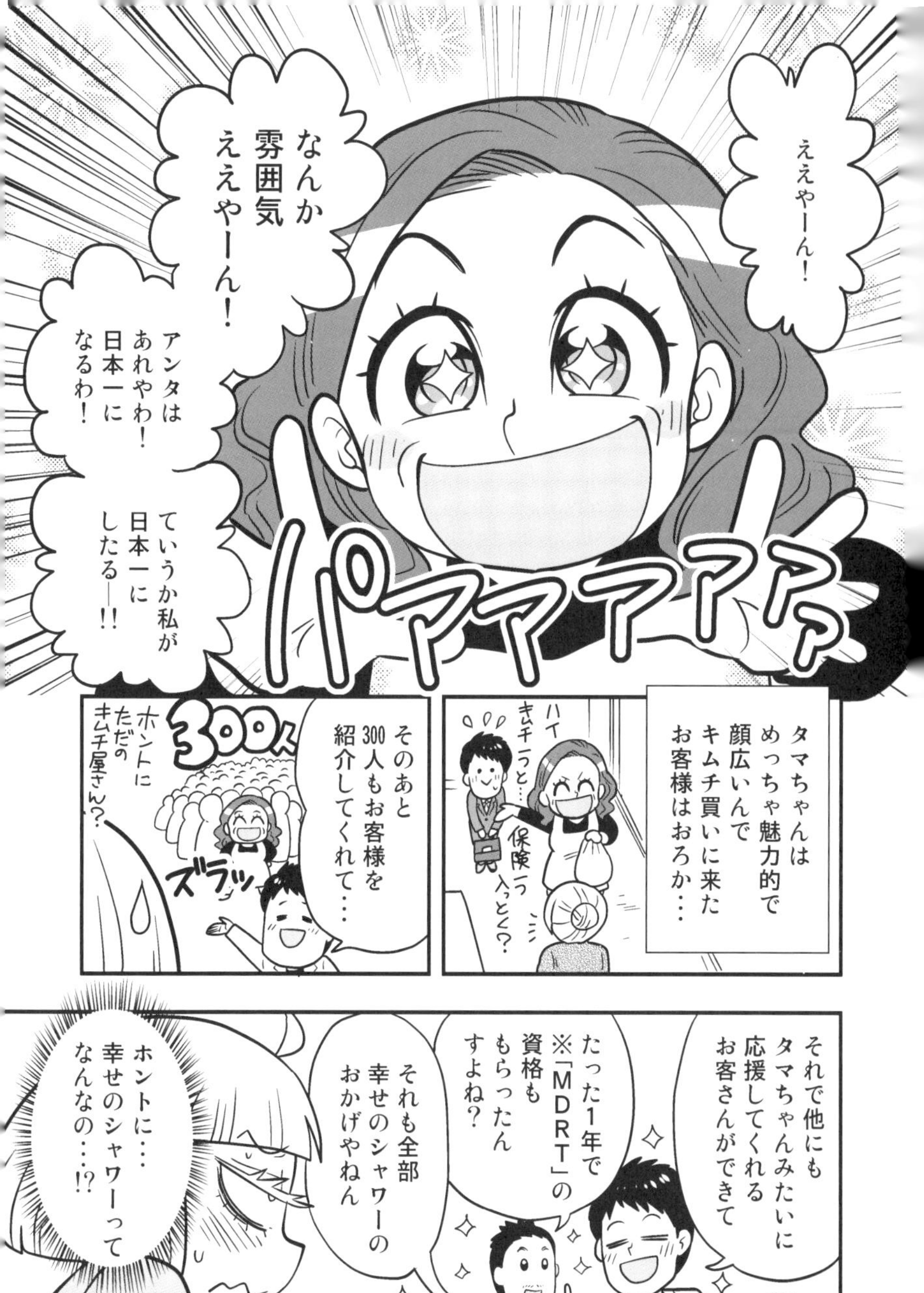

ＭＤＲＴ：優秀な販売員に与えられる資格

ということで、お待たせしました！

「幸せのシャワー」の登場です！

これ、ホンマにすごいんですけど、浴び始めてから1年で、僕、仕事がめっちゃ順調にまわりだしたんですよ。

シャワーを始める前は、僕の収入、ほぼゼロだったのに、シャワーを浴び始めたとたん、あっという間に売上が……！

って、アレ!?　**なんか怪しい広告みたいやん（笑）！**

だけど実際、独立してすぐの3ヵ月は、まったくダメダメだったんです。

そもそも僕、野球ばっかりやってて友達少なかったし、人脈もなかったし。

そういえば僕……野球やってるとき、携帯を解約してました。

だって、携帯があったら友達と連絡がついちゃって、友達に誘われて会ってたらトレーニングの時間が減るじゃないですか。だから「携帯なんかいらんわ！」って……。

そんな感じで自分に厳しくしてたから、他人にも厳しくて。そのせいで人間関係もギスギスして、友達も少なかったんですよね。

最初は、そんな数少ない友達に連絡して、「保険の仕事始めたから、話聞いてや」とお願いしたら、「いやぁ、保険はちょっと……」「俺、保険、嫌いやねん」と。

「嫌いやねん」って……。友達はまったくそんなつもりないと思うんですけど、「俺、おまえのこと、嫌いやねん」と言われてるみたいで、もう、グサッ！とくるわけです。

他にも、異業種交流会に行ってみて、頑張って名刺を配って、帰りにゴミ箱を見たら、ビリビリに破られた僕の名刺が……。

「ああ、この仕事って、嫌がられんねんな。自分って嫌がられてんねんな……」

そう思うと、**「うわぁぁぁぁ、もう無理や！　営業できひん！」**とびびってしまって。

僕、営業やけど、今でもガラスのハートなんですよ〜！

実は、「保険の話、聞いてください」「保険に入ってください」って自分から言えないんです。

きっと、これって、営業職あるあるやと思うんですけど。

あなたもそんな経験、ないですか？

そんなこんなで、僕の保険営業はあっという間に行き詰まりました。

それでもエリちゃんに心配をかけたくなくて、朝になると「行ってきまーす☆」と笑顔で家を出る。とはいえ、行くあてがないから、公園のベンチに一日中ボーッと座っていたりして……。

次第に追い詰められた気持ちになって、夜になると、崖から突き落とされる夢ばかり見るようになりました。寝汗も止まらなくて、寝間着がすぐにビショビショ

になって、一晩で3回着替えることもしょっちゅうでした。

いやー、今思い出してもしんどい、**暗黒の時代**です。


そうや！　きっと自分は営業の勉強もせずに、独立したからあかんのや。

そう思って、また本屋に行って、営業のノウハウ本をたくさん買いました。

そしたら、そこに勉強になるようなことがいっぱい書いてあったんですよ！

たとえば、「商談中は、目の前の人が水を飲んだら、自分も合わせて飲んだらいい」とか。「相手の人が大きい声で喋ってたら、自分も大きい声で喋るといい」とか。そうやって同調することが大事や、みたいな（笑）。

でも、いざ、テクニックを使って、会ってくれた人と話を始めたら、けっこういい感じに会話がはずんだりして、すると次は「この人に、どうやって『しんちゃんから保険に入りたい！』って言わそうか」と、そんなことばかり考える自分が出てくるわけです。

こうなると、相手の話を聞いてはいるけれど、「そんなんどうでもいいわ、早く保険の契約してくれ」となってしまう。

完全に自分の都合でものごとを運ぼうとしてるわけです。

これじゃ、自分の売上を優先する会社の先輩と何も変わりません。

あかん！　あかん！　違うやん！

そもそも、仕事はお客さんを笑顔にするためのものやと信じて独立したのに！


それで、もう一回、仕事について自分なりに考えてみよう。

本を読むんじゃなくて、自分の内側とちゃんと向き合ってみよう。

そう思って、3日間くらい家にこもって、誰とも会わずにめっちゃ考えました。

そこで、まず出てきたのが、

「この先も、がむしゃらに努力して頑張っていくのは、しんどいな」

というのも、僕は野球のときにがむしゃらに努力して頑張ったけど、結局、プロにはなれませんでした。**よく「努力は必ず報われます」とか、「努力は絶対裏切らない」とか言われるけれど、少なくともそれは、僕の人生に当てはまらなかったんですね。**

だから、努力してがむしゃらに頑張っても、またうまくいかないんじゃないか？

それなら、努力とかじゃなくて、**楽しい気持ち、ワクワクした気持ちで、仕事ができないかな**と思ったんです。

そもそも、なんで今のやり方が楽しくないのか？　しんどいのか？

考えてみたら、相手の気持ちをこっちがコントロールしようとしてるからなんですね。

「しんちゃんから保険に入ろう」「しんちゃんに保険の相談をしよう」と思うのは相手の気持ちだから、本来、僕が計算して導けることじゃないんです。なのに、そこをどうこうしようとするから、ストレスが溜まるんやな、と。

よし！　それなら、自分が計算できないことは、もうやらないでおこう。

自分にできること、決められることだけをしよう。

う～ん、その中で、ワクワクできる、楽しくできるやり方は……。


……ひらめきました。


そうや、営業をやってるんだから、1日、2～3人に会おう。

3人ときっちり決めると、できなかったときストレスになるから、そこは2人でも、1人でもいいことにして。

それで、すぐに保険の話をすると喜ばれないから、まずは保険の話はせずに、「今日しんちゃんに会ったら、笑顔になれたわ」「今日しんちゃんに会ったら、元気になれたわ」と言われたら、その日の営業は「○」にしよう。

つまり、相手の笑顔をつくれたら「〇」。

こう考えたら、ワクワクしてきたんです。


1日2～3人の笑顔をつくる。

これを1年続けたら、約3人×365日で、約1000人の笑顔をつくることになります。


「そうや！　自分は、1年で1000人の笑顔をつくる男なんや！」

つまり、

「仕事＝保険を売る」じゃなくて、「仕事＝1年で1000人の笑顔をつくる」。

1年で1000人の笑顔をつくれば、ゴハンくらい食べていけるんじゃないかな。

やば……コレ、最高すぎひん？　よし、これで行こう！

でも、どうやったら毎日、2～3人の笑顔をつくれるのか？

僕は、さらに考えました。

そうやな……目の前の人を幸せにするには、まず、自分が毎日幸せで、楽しい気持ちじゃないと。それなら、どうやって自分を、毎日、幸せな状態にすればいいか？

………はい、またひらめきましたよ！

イメージを使おう。

だって僕、イメージだけで150キロ近い球速を出した男ですから。

僕の人生で唯一うまくいったのがイメージを使うことだから、これを使わない手はないと思ったんです。

これこそ、**宇宙に導かれたサインやな**と思ってるんですけど（笑）。

そこで翌朝から、起きてすぐにシャワーを浴びることにしました。

第一声で**「幸せだなぁ～」**と言いながら、お湯を浴びるようにしたんです。

このとき浴びるお湯は、お湯じゃなくて「幸せのエネルギー」だとイメージします。

めっちゃ幸せが降り注がれてるな～、幸せのエネルギーを浴びてるな～、とイメージするんです。

それで、温かい幸せを浴びてたら、だんだん汗ばんでくるんですね。

汗が出てきたら、**自分が幸せでもう満タン！**になって、溢れ出している状態だと。

この、**溢れ出した幸せで、今日会う人がめっちゃ笑顔になるところをイメージ**するようにしたんです。で、その人の笑顔がピカ――ッと光るまでイメージする。名前しか知らないときは、名前の字面がピカ――ッとなるまでやるんです。

ポイントは、「相手に何を言って喜ばそう？」とか、頭を使って考えないこと。

頭を使って考えると、また相手の気持ちをどうこうしようと計算したくなるんですね。

だから、言葉は使わずに、もう、めっちゃいい笑顔をピカ――――ッ！

それだけをイメージするようにしたんです。

とにかく、「幸せからスタートして生きる」と決める。

幸せの波長に毎日自分を置く習慣を身につける。

1年で1000人を笑顔にするんだから、とりあえず、1年間は絶対に続けよう。

僕はそう決めました。

これを毎日やるようにしてから、少しずつ人生が変わり始めたんです。

✳

とはいえ、その頃は、会ってくれる人がホントにいなかったので、まずは、もっとも身近な人を笑顔にするところから始めました。

その相手とは……**お母さんと、実家の愛犬クッキーです。**

やってみたら、クッキーを喜ばすのはすごく簡単でした。「クッキー♡」と名前を呼んで、ワシャワシャ撫でてあげたら、クッキーはもう、うれションするくらい喜んでくれます。よっしゃ！ これで、今日の営業は「○」です（笑）。

それならお母さんも……と、僕は張り切って、こう言ってみました。

「あれ？ お母さん、髪切ってちょっと若くなったんやない？」

「……いや、気持ちわる！ アンタ、なんか企んでるやろ。借金でもしてんのか!?」

……今日の営業「△」、みたいな（笑）。

こんなことを、最初にお客さんになってくれた方や、会ってくれる友達に、繰り返しやるようになったんです。

それを1ヵ月くらい続けていると、次第に僕の中に変化が現れました。

お客様に対する気持ちが、みるみる変わってきたんですね。

それまでの僕は、お客様に契約してもらうことをゴールにしていました。

というのも、保険の仕事の場合、お客様が何十年と続けて払ってくださる保険料のうち、僕らが手数料をいただけるのは、基本的にはじめの1年だけなんです。だから、常に新規のお客様を探さないといけないわけです。そうなると、「来月はお客様がいない」「再来月はいない」と、常に「ない」状態を見ることになる。だから、いつもものすごく不安だったんですね。

でも、**「ああ、今、幸せやん」**からスタートすると、不思議と「ない」じゃなくて、「ある」が見えるようになりました。

当時の僕のお客様は10人くらいで、これって、決して多い数じゃないと思うんですけど、「10人しかいない」じゃなくて、**「10人もいてくれてるやん！」**と自然に思えるようになったんです。

「10人もお客様がいてくれて、その人たちのおかげで、ご飯が食べられる。これって、ありがたいことやな。このお客様を、もっと笑顔にすることはできないかな？」と実感を込めて思えるようになりました。

こうなると、契約はゴールじゃなくて、ご縁のスタートに。
新たに始まったご縁を、大切にしたいと思うようになったんです。

それに、「ない」ではなく「ある」を見るようになったら、不安がスッとなくなって、胸の奥から強烈な喜びが溢れてくるようになりました。

たぶん、それまでの僕は、「保険に入ってもらえなかったら、どうしよう」という不安なエネルギーを、無意識のうちにバンバン垂れ流していたと思うんです。

でも、「ある」を見るようにしたときから、「幸せだなぁ〜」という強い喜びのエネルギーを無意識にジャンジャン放てるようになった。

ここからなんです。僕の快進撃が始まったのは。

マンガに登場したタマ子さんみたいに、人情に篤くて優しい方たちが、なぜか勝手に応援してくれるようになりました。まるで奇跡みたいに、お客様が次のお客様をドンドン紹介してくれるようになったんです。

それがどうしてなのか、理由はわかりません。

ただ、宇宙ではすべてのエネルギーが循環するらしい。

だから、自分が不安なエネルギーを放つと不安が還ってくるし、強烈な喜びのエネルギーを放つと強烈な喜びが還ってくる。

宇宙にはどうも、そういうルールがあるみたいなんです。


自分がまず幸せになって、溢れた分の幸せで誰かを笑顔にすると、宇宙は幸せを、奇跡をどーん！と還してくれる。

だから、**自分を幸せにするには、ただ「自分は幸せだ」と決めればいい。**


人生に奇跡を起こすルールが、こんなに単純で簡単だったなんて……。

どういうことやねんっ！（笑）　なんでやねん！　ホンマかいな⁉

あなたも思わず、そう叫んでしまったんじゃないですか？

フフフフフ……。でも、驚くのは、まだ早いんです。

このあと僕は、さらにシンプルで強力な、**人生がうまくいく法則**にたどり着いてしまうんです！

マネーのスパイ・メモ❸

「幸せのシャワー」で、会う人を笑顔にするコツは？

――毎朝「幸せのシャワー」で自分を上機嫌にして、お客様の笑顔をイメージするのはわかったわ。他に、実際に会ったお客様を笑顔にするコツはある？

――ありますよ！　僕が意識してるのは、

☆「大好き！」な気持ちで、相手に会いに行く

☆「大好き！」な気持ちのまま、相手の話を聞かせてもらう

☆相手のいいところを見つけたら褒める

の3つです。

――え、それだけ？　たとえば、ギャグをぶちかまして相手を笑わせるとか……。

――なんでやねん！　いきなりハードル高いやん！　僕、当初は野球しかやってこなかったから、自分があんまりしゃべれないの、わかってたんです。だから、しゃ

べれない分、めっちゃ「大好き！」な気持ちで会いに行ってました。気持ちって滲み出るし、「大好き！」な気持ちで会いに来られて、嫌がる人って、そういないんとちゃうかな～、と。

——確かに、**それはそうね！**

——それで、めっちゃ「大好き！」な気持ちのまま、相手の話を聞かせてもらおうと。僕、ひとりひとりにそれぞれの宇宙があると思ってて、「この人は、どういう宇宙に生きてんやろう」とすごく興味があるんです。せやからインタビューするような気持ちで、じっくり話を聞かせてもらって。これがすっごく楽しいんですよ！

あ、あとは、**自分を幸せで満たして、相手の前に座ること。**

——幸せな自分で、相手の前に座る？　すると、どうなるの？

——「あっ、この人にはこういうことをしたら喜んでくれるな」というのが、直感で降りてくるようになります。僕は上から降りてくるものは、すべて宇宙からのプレゼントやと思ってるんですけど……宇宙はたぶん、みんなにいいものを与えがってるんです。だから、直感で降りてきたことをすると、自分も笑顔でいられるし、相手も笑顔になれることが多いかな。

——つまり、宇宙からプレゼントをもらいたかったら、自分が満たされるのが先？

——そのとおり！　だからやっぱり周りの人を幸せにしたいなら、今すぐ「自分は幸せだ！」って決めて、幸せになったほうがいいんです！

episode《エピソード》

5

身近な人を大事にすると、すごいご縁がやってくる！

おはようございまーす！
やあ♪
おはようやまピー
ペカペカーーー
今日もうっとおしいくらいキラキラっすね〜
…あれ？今日はあの人は？
そういえば…
幸せのシャワーを浴びたマネーさんだよ
誰ーー!?
カッ
…モーニン！
幸せのシャワーの効果すごいわネ！

今朝は上司の笑顔を思い浮かべながら浴びたの
そしたら上司から報告を聞いた…
シャワワワ
Good!!
昇進!!
OH〜!!
えええええ——!?
出世したんスか—!?
俺も浴びてきます!
今さらだけど
ひゅ
ひ
フフ……この分じゃきっと次々仕事が舞い込んできちゃう!忙しくなるわ……!
ダーリンとのデートやママとのバカンス旅行はキャンセルして…
ピピ
待って!!
それは絶対に
ノー
NO!!
NO!?
なんで!?
実際僕もシャワーを始めてから
ごめん今日一緒に買い物行く約束…
えーよーあたし行っとくし
休日もなく忙しく働いてたんやけど…
そんなとき——
16

タマちゃん本当にありがとうございます！
今日もこんなにお客様を…
ワイワイワイ
え？ お客さんが用意されてるの…？
ええ ありがたいことに大好きなタマちゃんが……
スゴ
ええんよ～！ しんちゃんはそのお客さんが一番望んでいる保険勧めてくれるから安心やし
まだまだ紹介したるで～
ホンマありがとう！
僕、最近タマちゃんのおかげで休みなく仕事できるようになったんですよ～
もううれしくてうれしくて
ピク
…なんやて？
アカン！
それはアカン！
びく
WHY!?
忙しいのっていいことじゃない
？
僕もそう思ったんやけど…

ええか？アンタが今忙しくできるのは支えてくれてる人たちのおかげ！
バーン
家を守ってくれるエリちゃんやお母ちゃんやらお父ちゃんやら…
そういう人たちと過ごすための時間を仕事でないがしろにするのは絶対アカン！
は……はい！
正直、仕事が楽しかったけど信頼するタマちゃんが言うことだからと思って…
久々のデート～♡
帰省～
身近な人を大切にって話だとさらにこんな体験もあって…
すると不思議なことに仕事量は減ったのになぜか売上アップ
はぁ!?
休んだのに売上が!?
待って…じゃあ休日返上で働いてる私ってー!?
くやしい!!
経営者早朝セミナー
ねぇ？だから働き方が間違ってるんじゃないかと
まちがっ…!?

新しいお客様を開拓するために某朝活へ行ったんやけど・・・
私はこれを実践することで自社の売上を200%上げ~
ウオォォォォ
甘えを捨て夢をあきらめず世の中の皆さんの役に立つことで…
ドリャアァ~
ワァァァァ
なんか…みんな立派やな~
自分場違い?
ポワ~ン
掃除のおっちゃんが間違えて入って来たんかな~?

じゃ次、君ね
へ？
えっ！いや、僕、仕事始めたばっかで…みなさんみたいなキャリアも…
いいよなんでも
例えば自信のあることとか
自信…
野球の話とか？
…う～んそれも考えたんやけど…
……
今の自分が一番誇れるもの大事にしてるものといえば…
僕の妻のエリちゃんのすばらしさを10個言います！
結婚しました!!
①ずっと笑顔で笑ってくれる
②つくってくれるごはんがおいしい
③何を言ってもプラスで返してくれる
④存在自体が光ってる
それから…
な…なんだってえええええ!!!

……みなさんも
だいたいそんな
顔やったよ…
ところが
会合の帰り――
おにい
ちゃん
はい？
あ、さっきの…
君の話
おもろかった
なぁ～
にいちゃん
保険屋やろ？
話聞いたるから
明日、うちへ
来ぇへんか？
ホンマ
ですか？
ぜひ！
へー
契約1件
とれたの？
やったじゃん
いや…
1件っていうか…
数えきれ
ないくらい
バチーン
なんで
やねん!!

実はこの方
地元で有名な企業の
会長さんで…
君は人前で
堂々と自分の
大事な人を
大事にしとった
やろ
それができるなら
ワシの大事な人たちも
大事にしてくれる
はずやと思ってな
だから君に
うちの社員の分の
保険、任せるわ!
お客用意
しとくで!
ぶわっ
会長さ―――ん!!
と、こんな感じで
お客様を用意して
待っていてくれる方が
一気に増えて…
わらわら
わら
増えすぎ

身近な大切な人を笑顔にすると、応援してくれる人が現れる。

これが、僕が信頼し尊敬するお客様から教えていただいたこと。

僕が、あなたにお伝えしたい、人生のステージがガラッと変わる法則です！

人生のステージが変わるとどうなるかというと、**幸せがやってくるスピードが速くなります。**

宇宙ではすべてのエネルギーが循環しているらしい。なので、自分が放ったエネルギーは、やがてそのまま還ってくる。「幸せだなぁ〜」というエネルギーを放てば、「幸せだなぁ〜」というエネルギーが、幸運となって自分の元に還ってくる。

僕はそう思っているんですけど。

人生のステージが変わると、放ったエネルギーが還ってくるスピードが速くなります。**さらに、量も多くなるみたいなんですね。**

それを教えてくれたのが、まず、マンガに登場したタマ子さんです。

それまでの僕は、仕事で稼いだお金で家族も僕もごはんが食べられるわけだから、まずは仕事を優先すべき。そう思ってました。それが、幸せへの近道だと思ってたんです。

え？　あなたもですか？

ね、普通そう思いますよね！

ところが、タマ子さんは「アカン！」という。

身近な人、支えてくれてる人を最優先にしなければ、というわけです。

僕、タマ子さんのことはすごく信頼してるので、「そんなもんか〜」と思いつつ、実際に仕事を減らして、エリちゃんや両親との時間を優先的に取るようにしました。

すると、なぜか保険の売上が増えたんです！　労働時間は減ったのに。

すごい、タマ子さん！　さすがや！　**でも、なんで⁉**

その理由は、まったくわからないんです（笑）。

ただ、大切な家族の楽しそうな顔を見ると、僕自身がうれしくて上機嫌になる。

自分が上機嫌だと、溢れる分の幸せが増えて、家族も幸せにできるし、お客様も笑顔にできる。

もしかしたらそういうことかもしれないな、と。

なので今は、自分を喜びで満たすためにも、家族との時間を最優先でスケジュールに書き込んで、それ以外のところに、仕事の予定を入れているんですね。

おかげさまで、仕事は絶好調！

自分の笑顔が先。家族の笑顔が先。そうすれば、お客様も笑顔にできる。

どうも、この順番が大事みたいなんです。


ちなみに、僕がもっとも大切にしているのは家族ですが、それと同じくらい大切にしているのが**「今、目の前にいる人」**です。これもやっぱり身近な人で

すね。

なんで「今、目の前にいる人」が大切かというと、僕が直接、笑顔にできるのは、目の前にいる人だけだからです。

僕、ＳＮＳをやらないんですけど、それは、目の前にいる人と喜びをシェアしたいからで、それがお互いにとって一番幸せなことだと思ってるからなんですね。

今ここにいない人のことはひとまず置いておいて、目の前にいる人に全力投球！

今、目の前にいる人を笑顔にできれば「〇」。

僕が起きてる間に意識してるのって、実はそれだけなんです。

これは保険のセールスのときも同じです。

とにかく、目の前のお客様を笑顔にできれば「〇」。

そのために僕が何をしているかといえば、「僕がお客様の立場だったら、この保険に入るわ！」という商品をご紹介するだけなんです。

なので逆に、お客様の相談を聞かせてもらった結果、「このお客様が望まれる良い商品は、今はないな」と思ったら、保険そのものを売りません。

すると当然、手数料がいただけないこともあるんですけど、僕の営業的にはお客様を笑顔にできれば「〇」。だから、これでオッケーなんです。


「いやいやいや、それじゃあセールスの仕事、成り立たないでしょ！」

もしかすると、あなたはそう思うかもしれないですけど、僕、そのへんは大丈夫だと思います。


というのも、以前、こんなことがあったんです。

僕を支えてくださる大切なお客様に、エステサロンを経営するリエさんという方がいます。そのリエさんが、ある日、Aさんというお客様を紹介してくれました。

実はAさんはすでにある保険に加入していて、それが当時、Aさんが1円も損をせず、なおかつ、もっとも得できるパーフェクトなベストチョイスの保険だったんです。

だから僕は「この保険はとってもいいので、やめないでぜひ継続してください。他の保険には入らなくてもいいので！」とお伝えしました。もちろん、僕が別の保険をお勧めすることもありませんでした。なので、僕がいただける手数料はゼロ。僕の儲けはナシです。

でも、Ａさんは必要のない保険を勧められなかったことを、とても喜んでくれました。だから、僕的には「〇」。それで大満足やったんです。

ビックリしたのは、このあとのこと。

Ａさんとのやりとりを知ったリエさんが、「私の大切なお客様のメリットを一番に考えてくれたんやね。ありがとう！　しんちゃんは信用できるから、どんどん新しい人、紹介したる！」と次々とお客様を紹介してくれるようになったんです。

だから、どんな仕事でもそうですけど、リエさんに教えてもらったみたいに、目の前の人を笑顔にすることだけを考えていればいいと思うんです。

目の前の人の笑顔が、次のステージへと通じる「奇跡の扉」。

僕はこれが、幸せへの最短距離だと思うんです。

マンガに登場した会長さんに初めてお会いしたときも、そのことをめっちゃ強く実感しました。

僕、独立した直後は、本当にコネも何もなくて、それを友達に話したら、「社会人が集まる勉強会に行ってみたら？」とアドバイスをもらったんです。

そこでいろいろ調べて、早朝にやっている経営者さんの勉強会を見つけました。

僕、夜はすぐ眠くなるので、朝なら行けるわ、と思ったんですね。

そこで新人全員がスピーチをすることになって、他の方が「会社の売上目標が……」「マーケティングが……」と立派なスピーチをする中で、僕だけが、

「僕の自信のあることは、妻のエリちゃんのすばらしさです！

エリちゃんのいいところを10個話します！　①笑顔が輝いてる……」

エピソード

5
身近な人を大事にすると、すごいご縁がやってくる！

と場違いなことを、元気に話し始めたわけです。

そのときホントにエリちゃんのことが、一番自信のあることやったんですね。

案の定、会場はドン引き。

「お前、何しに来てんねん」「みんな、仕事のつもりで来てんねんで」と、まぁ、そんな雰囲気です（苦笑）。


でも、その中でひとりだけ、**「ハッハッハ……」**と笑ってくれた人がいました。

見ると、ステテコを穿いて、竹ぼうきを持った、某ギャグマンガのキャラそっくりのおじいちゃんがいたんです。

あれ、掃除の人が、間違って入って来たんかな？

でも、おじいちゃんが笑ってくれたから、今日の営業は「○」。

そう思っていたら、帰り際に、そのおじいちゃんが「おまえの話、面白かったわ。うち来いや」と名刺を渡してくれました。

それを見てビックリ。

なんとおじいちゃん、東大阪で機器関係の会社を経営する会長さんだったんです！

しかも後で知ったんですが、この会長さんはすごい方でした。

本業の他に、さまざまな経営者の勉強会を主宰するだけでなく、積極的に地域貢献もされていて、もう何十年も早朝のご近所清掃を続けている、地元の有名人だったんです。

毎朝4時頃に起き出して、雨の日も雪の日も掃除をして歩きながら、僕が参加させてもらった朝活に顔を出して、終わったらまた会社までの道のりを掃除していく。だからその日も、ステテコに竹ぼうきだったわけです。そんなの、誰にもマネできないですよね。すごすぎます！

その会長さんが、なぜか**「おまえを応援したい」**と言ってくれて、経営者の方たちを次々と紹介してくれるようになりました。そこから、ご契約いただける保険料の金額が一挙に跳ね上がったんです。

僕としては、自分の大切な人のことをしゃべっただけだし、それで目の前の人に笑ってもらえてラッキーやったな、というだけだったんですけどね。

目の前の人に笑ってもらったら、「奇跡の扉」が開いたんです。


それにしても、なんで会長さんは、こんなに僕を応援してくださるんやろ？

不思議に思った僕は、後日、会長さんに聞いてみました。

すると、会長さんはこう言ってくれたんです。

「おまえは人前で恥ずかしがらんと、自分の大事な人を、大事にしてるというのを発表した。それなら、俺の大事な人を紹介しても、大事にしてくれるんやないかと思ったんや」

…………もうっ、会長さん、かっこよすぎる！！！

だってつまり、会長さん自身がそういう人だってことなんです。

自分の大事な人を、しっかり大事にする人だってことなんです。

考えてみたら、タマ子さんも、リエさんもそうです。自分を支えてくれる人やお客様を何よりも大事にする人たちで、僕はそれを教えてもらったんですね。


宇宙では、すべてのエネルギーが循環している。

だから、自分が放ったエネルギーが、やがて自分の元へと還ってくる。

だとすれば、自分の大事な人をとことん大事にする人のところには、同じタイプの人たちが自然と集まって、「あなたが大事です」というエネルギーを循環し合うのかもしれない。

だから、どんどん幸せになるスピードが加速するのかもしれない。

本当のところはどうかわからないけれど、**うん、たぶん合ってると思うんです。**


自分の大事な人をめっちゃ大事にする方々に支えていただいたおかげで、僕は全世界の保険セールスマンの上位0・1パーセントしかいない、TOT（Top of the Table）になることができました。しかも、2年連続で。

だから、余計なことは考えず、身近な人、目の前の人を笑顔にすることだけに集中すればいい。僕はそう思うんです。

ちなみに、一番身近な人って、自分です。

自分を幸せでいっぱいに満たして、はじめて、幸せが溢れ出します。溢れた分の幸せで、人様を笑顔にできます。

なので、順番としては、まず「幸せのシャワー」で、毎朝、自分を満たす。

これがめちゃめちゃ重要です。

あ、別にシャワーじゃなくても、どんなことでもいいんです。あったかいお茶を淹れてゆっくり飲むでも、お気に入りソングを歌うでも、あなたが幸せを感じることだったら、どんなことでもオッケーです！

とにかく、あなた自身を、毎朝、幸せでいっぱいにする習慣を身につけること。

それが、「奇跡の扉」へのファースト・ステップです。

マネーのスパイ・メモ❹
お金に愛される秘訣！　しんちゃんのお金哲学とは？

——2年連続で保険業界のナンバーワンになるなんて、スゴイじゃないの！　収入も一気に増えたでしょ？　お金の使い方も、これまでとはだいぶ変わったんじゃない⁉

——ウフフフ～！　支えてくださるお客様のおかげで、家族が笑顔になれる家を建てさせてもらえました。ホンマにありがたいことですよね！　ただ、エリちゃんにも言われるんですけど、それ以外は、「月収20万円の頃と、しんちゃん、何も変われへんね」って。

——えっ、そうなの⁉　だって、日本の保険セールスマンのナンバーワンなのよ⁉　稼いだお金で豪遊したりとかは……。

——そういうの、あんまりないんですよね～。僕、自分を満たす幸せのハードルが、

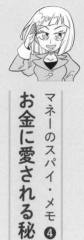

たぶん低いんです。そもそも、自分は「幸せ」と決めて、幸せのシャワーで毎朝自分を満たしながら生きてるんで、「何もなくても、もう幸せやもん♪」というのがすでにあるし。

——ええっ、せっかくたくさん稼いだのに！　……もしかしてお金にあんまり興味ないの⁉

——いやいやいや！　僕、お金は大好きです♡　すばらしいと思ってます！　ただ、それはなんでかといったら、これまでの流れから、お金は目の前の人を笑顔にするための最高の道具やと思ってるからなんです。

——お金は人を笑顔にするための道具？　どういうこと？

——たとえば僕、まあまあ税金を払わせてもらってるんですけど（笑）、「このお金のおかげで、インフラが整って、水はいつでも安全に飲めるし、夜もひとりで歩ける。これだけ安全にいさせてもらってる。ありがたいことやな～」と気持ちよく支払いをするんですね。みんなの生活も整うし。

——つまり、税金を払えば払うほど、笑顔になる人が増えると。

――そうなんです！　それに僕、お金も「エネルギー」やと見てまして。つまり宇宙を循環する、と。

――ふーん……。循環するなら、「お金が大好き」「人を幸せにしたい」という気持ちでお金を放つと、本人にそれがそのまま還ってくるってことよね。つまり、本人を幸せにしてくれるお金が、たくさん還ってくる？

――あ、それはあると思います。ときどきお金を稼ぐことに後ろめたさを感じる人がいますけど、「お金をもらうのは後ろめたい」というエネルギーを発しながら働くから、お金が寄って来ないのかもしれないですよね。僕はお金をたくさん稼げば、たくさんの人を笑顔にできると思ってるから、お金が大好きやし、たくさんの人を笑顔にするためにもいっぱい稼ぐのはいいことやと思ってるし……。

――それが、シンがお金に愛されて、いっぱい稼げる秘訣かもね。私もこれから、人の笑顔を思い浮かべながら、気持ちよく支払うことにするわ！

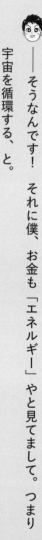

episode《エピソード》

6

縁を繋いで、実家がフグ屋に！ワクワクがミラクルを呼んでくる！

もぐもぐ
もぐもぐ
しかし
おいしいわねー！
ここのフグ料理！
いっそフグになりたい
あざーっす！
じゅううう
でも…
保険で
稼げてるんだから
サイドビジネス
なんて…
やる予定
なかったん
ですけどね～
夢や
目標を持たずに
自分と目の前の
人の幸せを
考えてたら…
うまい！
わははは
なぜか
こうなって…
ここは
もともと
僕の実家
4代前の
佐一郎さんが
建てた古い家で
僕らは
ずっとここで
暮らしてきたん
やけど——

姉も妹も僕も結婚して家を出て…
両親も
私らもマンションに移るわ
このウチ広すぎるし
くわっ
えええ!? 俺は嫌や!
ここには大切な思い出が…!
谷ナオミの切りヌキを刺した跡!
エマニエル夫人のポスター貼った跡!
ハァ ハァ ハァ
アンタに任すわ なんならこの人の思い出ごと潰してくれてええから
いーやー!
……
この先誰も住まんしな〜
解体してもらおうと大工さんに相談すると…
アカンでしんちゃん!
今時こんなに立派な梁やら欄間やら…潰したらもったいないで!

潰さないならどうするか…
ううぅん…
…せや！
どうせなら縁のある人に笑顔を置いていってもらえる場所にしよ！
そのときふと浮かんだのが
ふぐ
先日お客さんに連れて行ってもらったフグ屋さん
うまっ！
何これうまっ！
料理長の山岸さん
うまいなー
ホンとうまい
アレや！うますぎて笑顔になるフグ屋さん！
ワクワク
で、次の日オーナーに会いに行ったら
実はちょうど古い一軒家で隠れ家的な店をやりたいと思ってた
って言われて…
へー
そんな偶然あるのね
おどろき
僕もあんまり話がトントン拍子に進むんで驚いたんやけど…
フフ…

ワクワクを放つとワクワクが還ってくる
これぞまさに宇宙の采配！
ペカーーッ
で、次の日料理長の山岸さんが下見にきて…
いや～めっちゃ迷いましたわ
道わかりづらい
ホンマ最低な場所ですね
はっきり
さっ…!?
うんホントにわかりづらい
道入り組んでますもんねぇ
ただ…
隠れ家としては最高の立地やと思います
バチコーン
山岸さぁ～～ん
ホッ

それに…ここ、僕が担当しますわ
一番不便な立地で自分の腕を試したいんです！
やったー
というわけで晴れてフグ屋のオーナーに！
会員制の店としてスタートすると――
隠れ家的で人気が出たんですよね～
何よりうちのフグは美味しいから
なんせ山岸さんは料理の天才!!
たしかに
さらに山岸さんの奥さんのマイちゃんと
いらっしゃいませ♪
僕の親戚のヒロシのおっちゃんも手伝ってくれるようになって
今じゃ3人が僕の実家だった店を守ってくれてるんだ

だけど、もしマーケティングでやってたらそもそも店出せなかったと思うんだよ
わかる超僻地…
でも…自分がワクワクしたい大切な人を笑顔にしたい
そんな想いで始めたことには想像以上の結果がついてくる
だから、奇跡に出会いたいならただワクワクして行動すればいいんだよ!
ワクワクして…
あとはまぁホントにちょっとしたことやけど…
例えば、山岸さん、マイちゃん、ヒロシのおっちゃんに対して気をつけてることとしては、とにかく「自由にして」って言ってて…なんでかっていうと、僕が保険で独立し
自由を求めてや
僕は自由が好
自由を求めて
縛るってでき
だからみんな
だから「しんちゃ
くない」ってなるんや
たら、遠慮なくいつでも言ってって伝えてるんですよ。人生一回やから、無理せんといてって。ホントに自由だから。ただ、ひとつだけ思いは共有してほしいってことがあって、それは僕、保険の仕事してるときに「目の前の人がトビラ」って決めて、目の前の人に喜んでもらったらっていう積み重ねで日本一になったから、飲食やるってなったときに、まったく違う気持ちではできないと。飲食やるから飲食で儲けたいとはできなくて。だか
今日来てくれる一組のお客さん
をとにかく深く喜んでもらえ
ようにだけはみんなで深
ようっていって。それだ
共通認識として持っと
ほしいというのは言っ
それ以外は自由にし、
してねって。あとは
ゴゴゴブ〜ゴゴ
字、多っ…!!

さて、今回は、僕の実家がフグ屋になったあらましです。

や〜、僕も生まれ育った家が飲食店になるなんて、しかも、フグ料理の人気店になるなんて、想像したことすらありませんでした。

それを言うなら、プロ野球選手を目指していた僕が、日本の保険セールスマンのトップになるなんてことも、これっぽっちも想像してなかったですけども（笑）。

なのに、奇跡みたいな出来事に次々と恵まれたのは、

夢・目標を持たずに、「幸せだなぁ〜」と思いながら、ただワクワクして生きてきたからやと思うんです。

マンガでもお伝えしましたが、実家をフグ屋にしたのは、家族が誰も住まなくなったからです。

エピソード
6
縁を繋いで、実家がフグ屋に！ ワクワクがミラクルを呼んでくる！

実家は大阪の八尾の１０００年続く旧家で、僕は18代目の当主にあたります。敷地が３００坪もあって広いんですけど、建物自体は4代前の佐一郎爺ちゃんが建てたもので、かなりボロボロなんです。

そこで実家の始末は、僕に一任されました。

でも、この先、もう誰も住まなへんしなぁ……。なら、更地にして売ろうかなぁ、と。

ところが、いざ大工さんに、実家の解体の相談をすると、

「しんちゃん、アカンで。こんなすごい梁やら欄間やら、蔵やらがある家は、今の時代になかなかないから、潰したらもったいないわ！」と。

なるほど。潰さないなら、どうしよ？

どうせなら、僕がご縁をいただいた方が、笑顔を置いて帰ってくれる場所にできないかな？　そう考えたら、すごくワクワクしてきたんです。

で、ふと浮かんだのが、ときどき食事をさせてもらっていたフグ屋さんです。

そこでは、すごく美味しくて、食べれば誰でも笑顔になれるフグ料理を食べさせてもらえるので、うちをあんな場所にできたらいいなと思ったんですね。

そこでさっそく、オーナーさんに、家を使ってもらえないか相談しました。

すると、すぐ翌日、料理長をしていた山岸さんが、家を見に来てくれることになったんです。

到着したとたん、山岸さんはひと言、

「最低な場所ですね」と（笑）。

そうなんです。実は僕の家、小さな村の住宅街の、ゴチャゴチャと道が入り組んだ、ものすごーくわかりづらい場所にあるんです。普通に考えると、お店を出せるような場所じゃないんですよ。

やっぱお店やるの、アカンかな……。

不安になる僕に、山岸さんは続けて言いました。

エピソード

6

緑を繋いで、実家がフグ屋に！ ワクワクがミラクルを呼んでくる！

「……隠れ家店としては、最高の立地やと思います」

ワオ！　やった〜〜〜！

その後、いろいろと話し合いを重ねた結果、僕は実家で、会員制のふぐ料理店を始めることになったんです。

僕、面白いなと思うんですけど、もし、マーケティングとか売上目標とか具体的なことを考えてたら、これって実現できなかったことだと思うんです。

だって、家があるのは駅から離れた田舎の住宅街。まともに考えたら、そもそも、お店をやろうなんて発想になりません。

けれど、ご縁がある人の笑顔を思い浮かべて、ワクワクして、そんな想いで始めたから、実家がフグ料理の名店になったわけです。

しかも、家を見に来てくれた山岸さん――彼はものすごく腕がいい板前さんなんですけど――その彼が「不便なこの場所で、自分の腕を試したい」と、うちに来てくれることになったんです。**いやん、山岸さん、かっこいい！**

こんな幸運がバンバン続くって、やっぱり背景に、何かあるんです。

僕はそれってやっぱり、例の「宇宙を循環するエネルギーの法則」だと思ってます。

自分が「幸せやな～」とか「人を笑顔にしたいな～」とか「ワクワクしたいな～」という気持ちを宇宙に放ったから、放ったものがそのまま還ってきてるんだと思うんです。

具体的な夢・目標を決めずに、ワクワクした想いだけを放ったから、想像を超えたワクワクが還って来たんだと思うんですね。

いやー、宇宙、ホンマすごいな！

ずっとワクワクして生きてたら、僕も、あなたも、一体どれだけ幸せになってしまうんやろ⁉（笑）

エピソード
6
縁を繋いで、実家がフグ屋に！ ワクワクがミラクルを呼んでくる！

おかげさまで、２０１５年8月にスタートした店は、たちまち会員制のフグの隠れ家店として人気になりました。

僕が最初に想ったとおり、ご縁をいただいた方が「フグ、おいしかったよ！」と笑顔を置いて帰ってくれる場所になったんです。

さらにうれしいのは、最高のスタッフに恵まれたことです。

「自分の腕を試したい」とやって来てくれた料理長の山岸さんは、料理の才能に溢れているだけでなく、仕事熱心で、研究熱心。ほとんど毎月、フグ料理の新作を出してくれて、これがどれもおいしい上に、美しいんです！　彼はアーティストだったんですね。

山岸さんの奥さんで、美人で笑顔が魅力的なマイちゃんも、女将さんとして来てくれて、細やかな気配りで、店に華やかさを添えてくれています。

それから、僕の親戚であるヒロシのおっちゃんも、見る人をホッとさせるビッグスマイルを振りまきながら、店を手伝ってくれることになりました。

スタッフの彼らが盛り立ててくれるので、うちがお客様に愛されるお店になったんですね。

ちなみに、オーナーである僕が何をしているかというと、特に何もしていません（笑）。

とはいえ、オーナーとして意識していることが、４つあります。

１つめは、スタッフには自由にしてもらうこと。

僕が保険で独立したのは、自分の信じるようにやりたかったからです。僕が自由に生きているのに、スタッフを縛ることはできません。だから、もし、「しんちゃんとは、もう仕事をしたくない」となったら、遠慮なく言ってほしいとお願いしてます。

人生は一回きりだから、そこは無理せず、楽しんで生きてほしい。

一緒にやってくれる人が笑顔でないと、一緒にいる意味、ないですからね。

スタッフには自由に生きてほしいから、仕事もそれぞれ思うようにやってもらってます。

ただ、ひとつだけ、僕と共有してほしい想いがあります。それが「今日来てくれる一組のお客様に深く喜んでもらえるように、みんなでいつも考えよう」ということです。

僕は保険の仕事のときに「目の前の人の笑顔が、奇跡の扉」と決めて、目の前の人に喜んでもらったら「〇」。その積み重ねで日本一になりました。だから、そこは業種が変わっても、変えたくない。そこだけは、共通認識として持っといてほしい、とだけ伝えています。それが、2つめです。

3つめは、お客様に喜んでもらうために、コストカットはしないこと。

今日来てくれた一組のお客様に深く喜んでもらいたいから、料理の原価はあんまり気にせずにやってもらっています。それから、お客様に不便がないように、できるだけバイトさんにも入ってもらいました。

すると、このコロナ禍でも、過去最高の営業益を出すことができました。

だから、集客テクニックとかマーケティングとかに凝るよりも、シンプルに「来てくれる人を大事にしよう。喜んでもらおう」の一言に尽きると思うんです。

そして、最後の4つめは、ちょっと変わった考え方だと思うんですけど、まぁ僕はもともとめっちゃ変わったヤツなんで、理解しにくければ、サラッと流してくださいね（笑）。

実は、僕が一番意識しているのは、この4つめなんですけど、それは働いてくれるスタッフを「神様や」と見るようにしてるんです。

立場でいうと、僕が社長であり、オーナーなんですけど、それを意識してしまうと、ピラミッドでたとえるなら、一番上の頂点に自分がいると思って、どうしてもみんなを上から見てしまうと思うんです。

現代の社会構造って、ピラミッドの上から下にかけて、上が社長、下がスタッフ・従業員というふうになるんでしょうけど、僕は逆のピラミッドをイメージしてるんです。自分が一番底である、と。

そう見ることで、スタッフみんなのことを「あ〜、僕が30年間住んだ実家を守ってくれる神様だ」と見れるんです。実際にそうですしね。

こう見れると、スタッフみんなには、ほんと感謝の気持ちしか湧いてこないんです。

スタッフみんなが神様だから、僕は「ありがとうございます」しか言わない（笑）。

だからみんなが「うわぁ、なんて頼りないオーナーや」としっかりしてくれる。

そんなふうに意識して、ぼくの大好きな神様たちに実家を守ってもらってます。

スタッフのみんな、いつもありがとうございます！

episode《エピソード》 7

突然の逮捕劇!?
どんな逆境でも、たちまち幸せになる方法

突然ですが
あなたは急に人生がドン底になる不幸な経験をしたことはありますか？
カッ
ないわ
私エリートだし
アハ
くっ上から！
この人はあります！
なんなの？突然
なんかすごい経験したから聞いてほしいなって
すごい体験っていうよりキツイ体験でしょ？
ドン底なんだから
いいえ…！
ちょっとしたコツを知っていればどんなところでもいい感じに過ごせてしまうという経験です！

あれは忘れもしない
2016年5月
支えてくださる
お客様のおかげで
保険営業も絶好調
フグ屋の
経営も
絶好調
もちろん
私生活も
絶好調!
そんな中
伊勢神宮へ
お参りに
神様
今、すっごい
幸せです〜
たぶん
あなたより
幸せです〜
調子に
のってるな〜
で、その帰り道…
25
km
オーバーね
すみま
せん
スピード違反で
人生で初めて
捕まる
フ
笑った!

さらに翌日…
お前がオーナーやな？
ドン
はい何か？
お前、ソレ何食っててんねん
何て…肝を…
ガチャン
逮捕！
大阪府ではフグの肝を出すのは条例違反
フグ調理についての条例は都道府県ごとに異なります
僕の不勉強でした…

急転直下
あっという間に
天国から、地獄へ
マジかーっ!?
54番は
4号舎へ
ガシャーーーン
54番と呼ばれる
うう、人として
入っちゃアカン所に
入ってしまった
そこからは連日
1日8時間に
及ぶ取り調べ
…捌いたん
やろ?フグ
お前も!
せやから
店でキモは
出しました!
でも
僕は捌いては……
単なるオーナーで
調理できへんから…
…やったって
言えぇえっ!!
ガァァァ
えええええっ!?
ホンマ捌いて
ないのに…!
取り調べでは
生まれてから今までの
生い立ちを何度も
しゃべらされる
一回しゃべり
終わったら
だらだら
すんな!
もっかい!
で、1日に
何十回も…
も～
頭おかしくなるわ
しんどいわ
刑事さん
おっそろしいわ…

グッタリして房に帰ると相部屋になった31番(薬物依存症)が
おい54番9時以降は絶対ウンコすんなよ!
?
なんでですか?
ハァ…
消灯すると朝まで流してもらえないんや
くさいぞ
…わかりました
ところが夜9時半頃になると毎晩…
ぶり…ぶりぶりぃ…
出～る～
くさっ
お前がしとるやん!!
もう、朝まで僕と31番とウンコと3人で寝てる感じ…
ぷぅーーん…
さらに追い打ちをかけるのが――
ぴかーーっ
自殺する恐れがあるから「常に顔を確認」とかで布団を被ったり横を向いたりは許されない
くさい!まぶしい!ぜんっぜん眠れん!

心身ともに疲れはてた4日目――
ようやくエリちゃんとの面会が
大丈夫やの？つらない？
心配かけてごめんな～
差し入れしといたからね
うう
ありがとう
差し入れられたのが――
ひすいこたろう
ものの見方検定
「最悪」は0.1秒で「最高」にできる！
祥伝社
「最悪」は0.1秒で「最高」にできる…？
へ～、まさに今自分、『最悪』やん
これを『最高』に…？
確かに…大金だせばドバイでもモナコでも行ける
フムフム…
しかしお金出しても留置所《ここ》には…
あれ？
なら今めっさ貴重な体験してる？
ワクワク
おわっ！
今、俺、確かにサイコーやん！
ワクワク

そこからはこんな感じで見方を変えてみた…
取り調べがキツイ！
CHANGE!
いつか人前で自分のことを話す練習！
この人は超熱心に話を聞いてくれるいい人！
好き！
ペラペラ
ペラペラ
就寝時のウンコのニオイ
CHANGE!
いいウン染み込ませてくれてサンキューやで…！
ウンコしてくれたお前もええヤツ!!
シャブくれ〜
う〜ん
フレグランス〜
就寝時のライト
CHANGE!
ありがたい存在の後光があたたかく照らしてくれとるんや…
で、何日かその見方を続けてみると…
…ちょっと休憩してええぞ
やさしい…
これおもろいやん
せやろ?
ウンコしてええ?
ええよ
ウフッ
アハ
ものの見方検定
すやぁ〜

確かに！こうやって見方を変えればどこでも楽しく過ごせそうね
よかったー
実際、22日後に罰金払って出るころには留置所が苦じゃなくなっててね
みなさんありがとうございました〜！
ワー
ワー
がんばれよー
大成功じゃない
そうなんですけど…
ぺっかぺかーー!!
ただ…ひとつだけ隣の房にヤのつく職業の方がいらしてね
お前あの状況でイビキかいとったなすごい神経やのう
うちの組来ぇへんか？
ゴゴゴ
ゴゴゴゴ
誘われました
もちろんお断りしましたが
教訓…留置所でポジティブすぎるのは考え物！

「アカン、終わった……」

人生ではときどき、そう感じられる最悪な出来事が起こります。残念なことに。

あなたも過去に、そんな不幸、あったんじゃないでしょうか。

けれど、そんなとき、その「最悪」を一瞬で「最高」に変えることができるとしたら……？

僕は手に入れましたよ、その能力を！　………警察の留置所で！


あれは忘れもしない、２０１６年5月24日のことです。

実家を改装してはじめた会員制フグ店で、僕がお客様と一緒に食事をしていたところ、急に玄関口が騒がしくなりました。

続いて、バタバタと大勢の人が入ってくる気配。

なんやろ？　と思っていたら、怖い顔をした男の人が、

「オーナーやな？　ソレ、何喰っとんねん」

と言うわけです。

エピソード

7

突然の逮捕劇!?
どんな逆境でも、たちまち幸せになる方法

「え、フグの肝ですけど……」

と答えたとたんに**逮捕！** 容疑は、食品衛生法違反です。

フグの肝の提供については、都道府県ごとの条例で定められているのですが、たとえ毒がないといわれる養殖フグの肝でも、大阪では出したらいけなかったんです。

前日のお昼までは、家庭も、仕事も、あらゆることが順調。

まさに絵に描いたような**順風満帆デイズ**でした。

それでつい、

伊勢神宮の神様の前で調子に乗って、

「神様、毎日が幸せです。ありがとうございます！

たぶん今、神様よりも幸せです！

こんな幸せなことはないから、もうどうにでもしちゃってくださ～い♪

なんちゃって☆」

と心の中で言ってしまい……。

そうしたら、その日のうちにスピード違反で罰金、翌日にはフグの肝でまさかの逮捕。

いや〜、まさかこんな形で、ヤフーニュースのトップに載ってしまうとは。

急転直下、天国から地獄へ。一体どうなってしまうんやろ⁉

連行された僕は、大阪のある警察署の留置所に入れられました。

地下にある、薄暗い、鉄格子のはまった、わずか3畳の雑居房です。

留置所に入ったとたん、僕の呼び名は「54番」になりました。

留置所で本名を使うと、出所後に犯罪に巻き込まれる恐れがあるということで、名前は言ったらアカンことになってるんですが……もう、囚人感ハンパない！

ちなみに、同室の「31番」は、薬物依存症の人です。

それだけでもドキドキなのに、翌日からはじまった取り調べがまたキツイ!


というのも、逮捕状に書かれた僕の罪状が問題でした。

これが、「フグの肝を捌いて、店で出した」となっていたんです。

ただ、僕は板前さんじゃないので、魚が捌けません。だから、「捌いたんやろ」と警察の方に聞かれて、「捌いてへんです」と正直に言ったんですが……。これが、なかなか信じてもらえない。

結局、僕は、留置期限の上限である22日間、延々と取り調べを受けることになりました。22日間って……**だいぶ長いわ!**

しかも、取り調べは1日8時間。これが連日、続きます。

何をするかといったら、生まれてからこれまでの生い立ちを、繰り返し、繰り

返し、繰り返し、しゃべらされるんです。話し終わったと思ったら、「ダラダラすんな！　もっかい！」。そして、また最初から……。これを、何十回もやらされるわけです。

何度も何度も同じ話をしていると、「もう、何を言ってもムダやん」という徒労感で、気力がどんどん奪われていきます。

刑事さんはさすがプロで、ギョロッとしたド迫力の目で、僕の目をジッとニラんで離さへんし……。怖いし、腹立つし、時間長いし。……**ク————ッ、もう、ええ加減にしてくれ！**

グッタリして房に戻っても、夜は夜で、マンガに描いてあるとおり、31番のウンコ臭攻撃が待っています。

さらに、顔をギラギラと照らすライトのせいでろくに眠れません。

意識はもうろう。体はヘトヘト。

なのに、翌日はまた厳しい取り調べが待っています。

あー、イヤや。ストレスしかない……。

そんなときでした。

留置4日目にしてようやく、1日10分だけ面会が許可されて、会いに来てくれたエリちゃんが、1冊の本を差し入れてくれたんです。

それが、作家で天才コピーライターのひすいこたろうさんの著書で、今や僕のバイブルとなった、**『ものの見方検定』**（祥伝社）。

カバーには**『「最悪」は0・1秒で「最高」にできる！』**と、なんだかワクワクするようなことが書いてあります。

最悪を、最高に……？　どういうことやろ？

僕は夢中になって読みました。

そこには、犬のうんちを踏んでしまった人や、パートナーが辛辣でつらい人、ケタ外れの借金を背負ってしまった人など、実に最悪な状況にいる人が、一瞬で状況を好転させるものの見方が書かれていました。しかも、わかりやすいクイズ形式で。なんやこの本……めっちゃおもしろい！

僕はさっそく、この本で学んだことを試してみたくなりました。

なるほど、確かに、僕が今いる場所は、人として入ったらアカン最悪の場所や。せやけど、見方を変えれば、セレブが万札を高々と積み上げても入れない場所やな。

ってことは………**特別!?**

え……この経験って、めっちゃユニークで、特別なことちゃうのん!?

――パァァァァァァァァ――――ッ！

と、薄暗い地下室に、一気に明るい光が差しこんできた気がしました。
そこから僕は、マンガにあるように、ワクワクしながら見方を変えてみたんです。

一日中続く取り調べも、何度も繰り返し生い立ちをしゃべらされることも、「これは、いつか人前で自分の話をする機会ができたときの練習をさせてもらっているんだ」と思うようにしました。

すると、目の前でものすごいニラみを効かせている刑事さんが、熱い目で僕を見つめる、厳しくも優しい保護者のような、ファンのような気がしてきたんです。

ありがとう。僕の話をそんなに熱心に聞いてくれて、ホンマにありがとう！

続いて、31番のウンコ臭です。これは、「くさいと思うから腹が立つんだ。これは、このにおいを嗅げば嗅ぐほど良い運が染みついてくる」と思うようにしました。

すると不思議なことに、31番に対して腹が立たなくなったんです。

そして、就寝時に顔を照らすギラギラしたライト。これは、「大いなる存在が、僕を優しく包む、ありがたい光や」と思うようにしました。まるで月の光のようにおだやかで……キラキラとした幸福感に満ちた………ぐぅ〜〜〜〜〜。爆睡です（笑）。

すごい、すごいやん！

ものの見方を変えただけで、しんどい留置所生活が、なんだか楽しくなるなんて！

それだけじゃないんです。さらにビックリすることに、僕がものの見方を変えて上機嫌でいることで、周りの反応まで変わってきました。

まずは、取り調べの担当刑事さん。

僕、何度も同じ話をさせられて、始めは「うっとおしいわ～」と思ってたんですけど、見方を変えて、「かつてこの刑事さんくらい、僕の話を熱心に聞いていてくれた人はいなかったな。ホンマにありがとう！……**好き♡**」と思ったら、それまでピリピリしていた取調室の空気が、ホワンと優しくなったんです。

何日かして、刑事さんの返しが「ダラダラすんな！」から「ちょっと休憩していいぞ」になったときは、「うわっ、そんなんされたら、もっと好きになってしまう！　やめて～！」と心の底から思いました（笑）。このままやと、留置所でボーイズラブ的なラブストーリーが始まってしまう。それくらい、刑事さんの反応が優しくなったんです。

31番との関係も変わりました。
毎晩、良い運を授けてくれる彼がだんだんいいヤツに思えてきたし、この大革命は僕だけじゃもったいないと思っていたから、僕は31番に『ものの見方検定』を貸してあげました。すると、こわもてだった31番が、だんだん子どものように無邪気な笑顔を見せるようになり、やがてお互いに冗談を言い合えるくらい仲良くなったんです。

留置所でも爆睡できるようになったことで、隣の房の組関係の方に、「おまえの神経はすごい。うちでもやっていける」とスカウトされたのは想定外でしたが……（苦笑）。

起きてしまった現実は変えられない。
けれど、ものの見方は変えられる。
ものの見方を変えて、自分が上機嫌でいれば、周りにも上機嫌が

広がっていく。そして、現実がいいほうに変わっていく。

僕は留置所で、身をもって、それを学ばせてもらったんです。

22日の拘留期限を終えて、僕は出所することになりました。

条例で出してはいけないものを出していたことは事実なので、そこはしっかりと認めて、きちんと反省して、罰金という形で罪を償わせてもらいました。

ずっとされていた手錠と腰縄を外されて、警察署の外に出たとき。

ああ、空ってこんなに青くて、広いんだなぁ。

どこまでも、どこまでも広がる「自由」に、僕はしみじみと感動しました。

これで家族や大切な人たちと、普通の生活が送れる。仕事ができる。

ああ、普通に暮らせるって、なんて幸せなんやろ。

それも、留置所生活で教えてもらったことのひとつです。


だから弁護士さんに「しんちゃんはフグを捌いてないのに、前科がつくなんておかしい。控訴しましょう！」と言われたとき、僕はお断りしました。

だって、留置所生活のおかげで、ものの見方を鍛えてもらうことができたし。


それは「○」やと思ったんです。


そのことをお伝えすると、弁護士さんはポツリとひとこと、

「頭、おかしい……」

そう言って去っていきました。

うん、まぁ、そうですよね（笑）。


でも、僕はホントに、これでいいと思っているんです。

だって、逮捕という一見すると「最悪」な出来事さえ「○」に変えられる、革

命的な能力を手に入れたんですから。

これってもう、**どんなときでもハッピーに生きていけるということです。**

これまでも「幸せのシャワー」で毎日を幸せに生きてきましたが、さらに幸せになれる方法をゲットしてしまいました……。**……どうしよう、僕、ますます幸せになってしまう……！　もちろん、この事実を知った、あなたもです！**

いいですか？　これは決して、冗談なんかじゃないんです。

だってこのあと、新たなものの見方を手に入れた僕に、さらなる幸せのビッグ・ウェーブが、想像を遥かに超えたミラクルがやってきたんです！

マネーのスパイ・メモ❺

意外と「〇」な留置所ライフ!?

—しかし、逮捕も「〇」って……。そういうなら、留置所ライフの「〇」だったところを、ぜひ教えてほしいわ!

—留置所の「〇」な部分。もちろん、ありますよ! もうね、留置所から出てきたときは、明日から普通に仕事ができたり、普通に日常が送れると思うこと。普通に生きられることがめっちゃ幸せやって思いましたね。たかだか22日間、留置されただけやのに。普通が幸せって実感できたのが、まず「〇」です。

—なるほどね〜。他にも、留置所の中で「〇」だったことはある?

—そうやな〜……。僕らって留置所入ったら、取り調べのとき以外は、何もさせてもらえないんですね。唯一できるのが、本を読むことなんですけど。それでそのときに読む本の言葉というのが、なんかこう、一言一句、染みこんでくるんですよ……。

——読書にはもってこいの環境ってことね！　それなら、この本も、留置所に置いてくれないかしら……？

——差し入れには、『ものの見方検定』（現在は『犬のうんちを踏んでも感動できる人の考え方』に改題）と、この本を、ぜひ持っていってほしいですね♪　あ、あと「〇」なこと、もうひとつありました！

——何？　どんなこと？

——僕がいたところは、週に一回、日曜日の夕方に30分だけ、FMラジオを聴かせてくれたんですね。おしゃれな感じのやつ。そのラジオから聞こえてくるパーソナリティの声とか、今風の曲とか、音なのにキラキラキラキラしてるんです。切ないくらいのキラキラが音の波長に乗って届くんですよ……。あのステキな感覚は、留置所に入った人しかわからない。一度どうでしょうか（笑）。

——やめて！　ちょっと入ってみたくなっちゃうから！

——フフフフ……僕は、もう一回入ってもいいかも？　いや……ウソウソウソウソ！　やっぱ一回でいいです。十分、勉強させていただきました！

episode《エピソード》
8

不幸は幸せの伏線!?
「逮捕」で見つけた、
新たな幸せの法則とは?

しかし
突然逮捕されて
大変だったわね～
…まぁね
じゅる…
でも
今の僕は…
これから
つらいこと
しんどいことが
起きても
大丈夫かな、と
え!?
くるっ
ガーンッ
ビシ
痛!!
それは
アレか?
しんどさが
逆に快感に…
ポッ
なつかしいのぅ…
ワシも昔…
そうじゃ
なくて
今の僕は
たいていの事は
ワクワクする出来事に
変えられるように
なったんです!
やっぱりM…
違います

とにかく自分が幸せでいればたとえ一見不幸なことが起こっても
新たな幸せを連れてきてくれることもあると気づいたからです――!
そのことに気づいたのは逮捕された年の冬
カタカタ
カタ…
ひすいこたろう様

はじめまして。
僕はつい最近まで逮捕されて警察の留置所にいました。
というのも、僕がオーナーをしている
フグ料理の店でキモを出していたことが原因です。
そこでひすいさんの本に出会い、
ものの見方を変えることで…
僕は留置所にいた時僕を幸せにしてくれた恩人に幸せな気持ちでお礼メールを書いていた
カタ
カタ
すると後日――
ピロン♪
しんちゃん、
面白いですね!
次の講演に遊びに
来ませんか?
ひすい
いきます!!!
びくっ

ワクワクしながら講演会に行くと――
あ！
ワクワク
逮捕されてた方ですねー？
キラキラキラキラ
キャー
生ひすいさんや～
優しいオーラ全開や～
よかったら今日前に出て話してくれません？
え!?
なぜか人前で話すことに！
…今日は僕の友達が留置所から遊びに来てくれました！
ギクシャクギクシャク
あわわ
何を話せば
ざわ…
パチパチ…
ファイトー
ところが――
いざしゃべりだしてみると…
はじめまして！
僕は大阪で保険のセールスとふぐ屋のオーナーをしていて…

松坂君をイメージしただけで球速が…
幸せのシャワーを…
めっちゃスラスラしゃべれるやん
あの経験がこんなふうに役に立つなんて…！
同室の31番がウンコを…
はは　ははは
…これ留置所で刑事さん相手に繰り返ししゃべっとったやつ…!!
もう一回!!
ひすいさんにも褒めていただき…
よかったよー
ありがとうございました
これがきっかけで次々と講演依頼がきたんです！
なるほどー
逮捕という不幸がきっかけで新たな幸せが舞い込んだわけね
そう！
振り返ってみると僕の場合全然思いもしなかったところから想像を超えた幸せがくることがけっこうあって
なんでだろう…と考えていたら…

宇宙の本質を表しているとされる中国の「五行思想」で説明できるんです
ご…※五行思想？
相生《そうしょう》
生じ、生じられる
相克《そうこく》
克し、克される
木
火
土
金
水
※「五行思想」とは、古代中国の自然哲学。
万物は、火・水・木・金・土の５種の元素からなり、互いに影響し合い
循環するという世界観を示しています。
「木」は「火」を生かしますが、その「木」を生かしてくれるのは
「火」ではなく「水」なのです。
僕の場合まず目の前の人を笑顔にするために
自分を幸せな気持ちで満たしてから幸せの矢を放つワケやけど…
宇宙はすべてつながり循環しているので
巡り巡って笑顔にした人とは別のところから別の幸せがくるんです
要は初めに幸せの矢を放っておけば
悪いことが起こってもあとから幸せはちゃんと還ってくるってこと？
はい！

例えば
保険の仕事
フグで逮捕
されたにも関わらず
これまで以上に
お客様が応援して
くれて…
負けたらアカン!!
がんばれ
なんと
日本の保険セールスマン
150万人中トップの売上を
2年連続で！
ありがとう ございます
V2
普通
売上落ちる
わよね
それが
ありがたいことに
増えたんですよ!!
フグ屋の
お客さんも
めっさ増えて…
作家さん
アーティストさん
大使館の方々
芸人さん
スポーツ選手
わ
すごい
ちなみに常連の
超有名ミュージシャンの
方が来店されたとき…
ガシャ
…!!
BEER
も…
申し訳
ありません!!
おろおろおろおろ
新人さん
……あ～

これも佐一郎屋敷の一流のサービス！
オッケーオッケー！
懐深～い
あははは♪
ブゥーーン
ビールをかぶって喜ぶ…Mなんじゃないか？
もちろんあの方ならではの余裕溢れるステキな返し方なんやけど
こんなふうにいろんな方に店を愛してもらえるのも初めに放ったエネルギーが『幸せ』だからじゃないかなーと
これがもし『不安』を放ってたら…
大丈夫かな…？失礼はないかな
あ、あのお味は…
え？おいしかったです
ほ、ホンマですか…？
ホンマに…？
おいしいけど…
疲れたね…
これ…なんかわかる
どんな仕事でも同じやと思うんですよね～
だから重要なのは自分から最初に放ったエネルギーが幸せであること
そのために常に自分が幸せでいると決めることです！

そして溢れた幸せで目の前の人を笑顔に
そうすればどんなことが起こっても想像以上の幸せが還ってくる
それが僕が見つけた宇宙の法則
あなたが知りたがっている僕の秘密すべてです…！
これがシンの強運の秘密…！
そうだからどんなときも安心して自分がハッピーでいれば…
…OK！
つまり私が幸せなら…
こんな不幸もいつか幸せになって還ってくるのよね？
さっき割っちゃったみたいで…
ちゃー
うんそれはまず僕を笑顔にしてからじゃないですかね…？

まさか逮捕がきっかけで、ひすいさんという素敵な作家さんにお会いできたり、その方の講演会でしゃべらせてもらえるチャンスがくるなんて。

しかも、生まれて初めて１００人以上の前の人に立たされて、頭の中は真っ白なのに、なんで自然にペラペラ話せるんだろうと思ったら、取り調べのときに繰り返し生い立ちをしゃべらされた経験が役立つなんて。

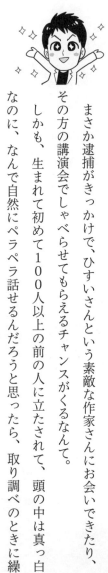

あのときの刑事さん、今となっては、抱きしめたいくらいやわ〜（笑）。

と、こんなことがあって、僕、改めて、自分のこれまでを振り返ってみたんです。

そうしたら、**短い目で見たら不幸に見えることも、長い目で見たらものすごい幸せに繋がっている**ことが多かったんですね。

たとえば、プロ野球選手という夢・目標を追っていたときは、プロ野球選手に

なった自分、つまり夢・目標を叶えている自分は幸せなんだろうなと思っていて、プロ野球選手になれていない自分は幸せじゃありませんでした。結局僕は、夢・目標を叶えることができなかったけど、でも、この経験が財産になったんです。

「いつか何かを達成しての幸せ」「いつか何かを叶えての幸せ」じゃなくて、「先に幸せでいよう」と思えるきっかけになりました。

「幸せからスタートして生きる」というきっかけになったんです。

それに、野球でめちゃくちゃ努力したのにうまくいかなかったから、「努力や頑張るだけではうまくいかないこともある」と知りました。だから保険の仕事をはじめたとき、努力や頑張るじゃない、違う道を探すことができたんです。

それが、「ワクワクした気持ちで、楽しい気持ちでやっていく方法は？」に繋がったと思うんです。

保険を売ろうと思うとワクワクしない、楽しくない。自分の仕事は保険を売ることじゃなくて、1日2〜3人の笑顔をつくって、1年で1000人の笑顔をつくることなんだ。

そう自分の仕事に対する思いを変えて、ワクワク楽しくできるようになると、たくさんの方に応援していただけるようになって、振り返ると、日本の保険業界でナンバーワンという、想像もしなかった成功へと運んでもらえたんです。

逮捕だって、そのおかげで、優しいオーラ全開の作家・ひすいさんとお友達になることができましたし、それまで考えてもみなかった講演の仕事もどんどんいただけるようになって、全国に心優しいあったかい友達がたくさんできました。

それに、こうして本まで出させてもらえて、あなたに会うこともできました。

だから、僕、こんなふうに思うんです。

「見方を変えれば、不幸も、幸福の伏線になる」

エピソード

8

不幸は幸せの伏線⁉
「逮捕」で見つけた、新たな幸せの法則とは？

そう考えたら、こんなにツイてる人生もないな～！　と思うんです。

もちろん、あなたの人生にも、「あのときの不幸があったから、今の幸せがある」ということが、きっとありますよね？

ということは……あなたもめっちゃツイてるんです！


不幸に見えることも、ぜんぶ含めて幸せ。

そう見れると、何があっても楽しくいられそうですよね。

大事なことは、自分を幸せで満たすこと。

あとは力を抜いて、宇宙にお任せしていればいいんじゃないかなぁ。

僕はそう思うようになりました。


だから、難しいことは考えなくていい。ただ自分を上機嫌に保てばいい。

そうすれば、不幸だって、やがて幸せに繋がると思えるようになったんです。

さらに僕、保険の仕事を10年以上続けてきて、**ある法則**にたどり着きました。

僕はこれまで、「自分を幸せで満たして、目の前の人を笑顔にしたい」という気持ちでシンプルにやってきて、たくさんの奇跡を起こしてきたと思ってるんですね。具体的にいうと、お客様からたくさんの契約をいただいてきたわけです。

でも、ときどき「これは笑顔になってもらえたな。喜んでもらえたな」と思っても、なかなか契約してくださらないお客様もいて、そんなときは、実はちょっとストレスだったんです。

でも、見返りがない期間がある程度続くと、不思議とまったく別のところから、つまり、あさっての方向から、大口契約が飛び込んでくる。そんなことが、一度や二度ではなく、何度も、何年も続きました。

しかも、**見返りがない期間が長ければ長いほど、飛び込んでくる契約の額が大きくなる**みたいなんです。これって、すごくないですか!?

これが、僕の気づいた**「あさっての法則」**です！

この法則に気づいてから、「目の前の人に喜んでもらいたい」と思うことにまったく気負いがなくなって、ただ、ただ、気分よく、目の前にいる人と、今を楽しめたらいいな〜と思うようになりました。

大切なのは、自分を幸せで満たして、宇宙に「自分は幸せやな〜」「目の前の人を幸せにしたいな〜」というエネルギーを投げかけ続ける。ただ、それだけ。

そうすれば、投げかけたエネルギーは、やがて必ず戻ってくる。

なかなか戻ってこないときは、宇宙のどこかで、利息がいっぱいついています（笑）。

だから、奇跡の扉を開けたいなら、ワクワクしながらただ自分を幸せで満たして、目の前の人を笑顔にすることだけに専念する。それだけでいいんです。

ちなみに、「どうして投げかけた幸せや笑顔が、投げかけた相手からではなく、まったく別の方向から戻ってくるんだろう？」というのは、自分でもちょっと疑問だったんですが……。

これについては、なんとお友達のひすいさんが、「しんちゃんがやってることとって、こういうことだよね」と、古代中国の自然哲学「五行思想」を用いて分析してくれました。

「五行思想」とは、森羅万象のすべてを「火・水・木・金・土」の5つの元素に分類して捉える考え方だそうです。

この5つの元素は、互いに影響を及ぼし合い、エネルギーを循環させあっています。

ただし、自分が放ったエネルギーは、投げかけた相手から、直接戻ってくるわけではありません。左の図のように、「水」のエネルギーは「木」を育て、「木」はこすれあって「火」を生んで……と、ぐるりと全体を循環して、やがて自分に戻ってきます。

どうやら、これと同じ仕組みが、僕が見つけた法則にも働いているようなんです。なるほど〜！

フム
フム！

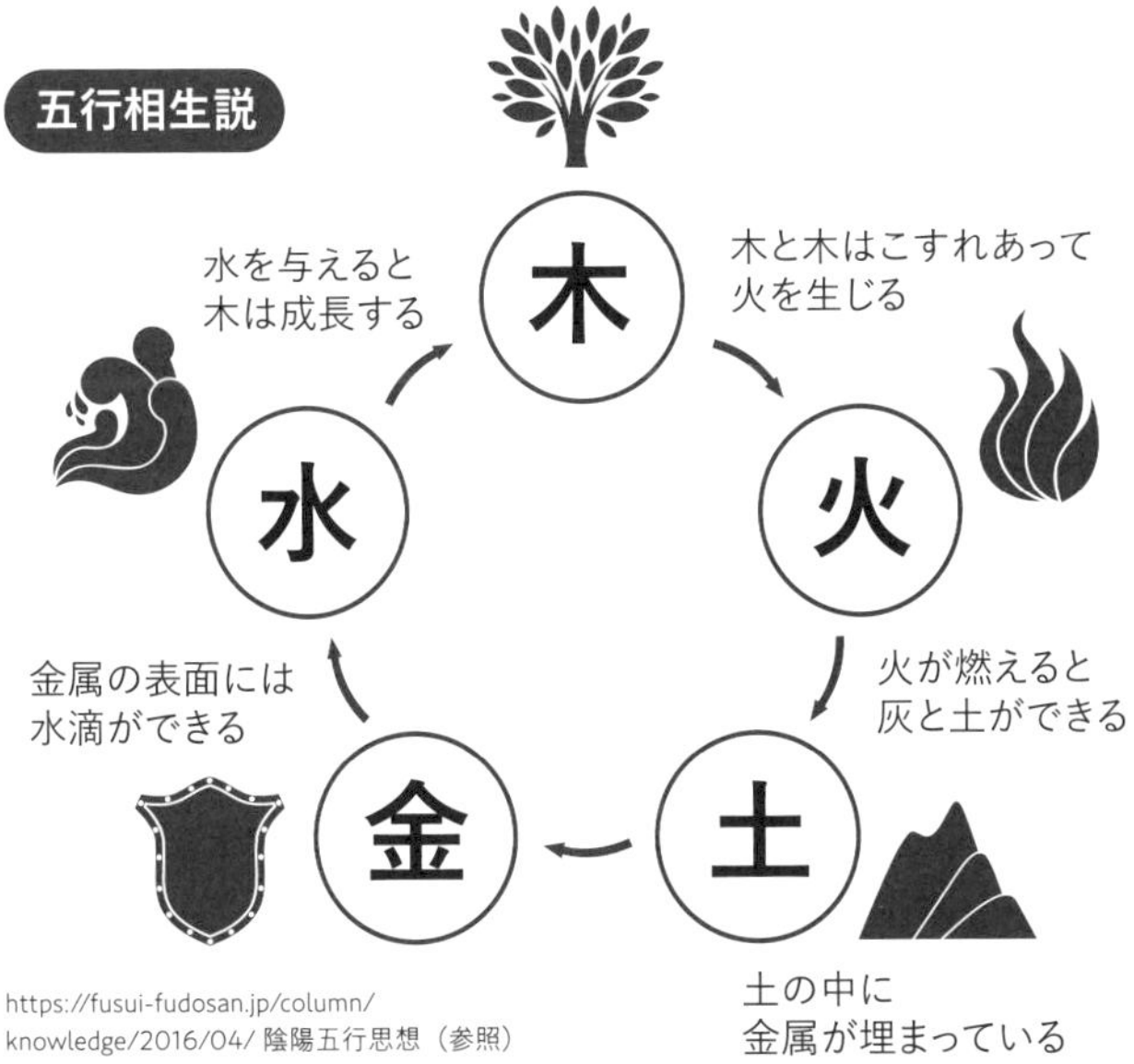
五行相生説
木
火
土
金
水
木と木はこすれあって
火を生じる
火が燃えると
灰と土ができる
土の中に
金属が埋まっている
金属の表面には
水滴ができる
水を与えると
木は成長する

https://fusui-fudosan.jp/column/knowledge/2016/04/ 陰陽五行思想（参照）

そんなわけで、「あの人から、なかなか見返りが返ってこないな～」なんて、全然心配しなくていいんです。

僕はむしろ、喜んでもらえることをした相手には、「お願いだから、何も返さないで」と思っています（笑）。

だって、直接喜んでもらえることをした相手から返ってこないときほど、あさっての方向から大きなプレゼントがくるとわかっちゃったんですから。

僕は、この五行思想のような、宇宙の自然の法則の流れに沿って生きれば生きるほど、ストレスなく生きられると思っているんです。だって、僕たち人間も自然の一部ですからね。

どういうことかというと、よく「ギブ アンド テイク」っていうじゃないですか。それは、目の前の相手から何か見返りが返ってくるのを期待していることを表していると思うんです。逆に言うと、ギブした相手から見返りが返ってこないとストレスが溜まるという感じですかね。

でも、ここが大事なところで、自然の法則は「ギブ アンド テイク」になっていないんです。**ただギブするだけ。「ギブ アンド ギブ」なんです。**だからもしプレゼントが来るとしたら、自分が「ギブ」をしたところではない、あさっての方向から来るんです。

きっとストレスを抱える人って、この自然の法則の流れじゃない、「ギブ アンド テイク」の思いでいるからじゃないかな、と。

だとすれば、自然の法則の流れに従って「ギブ アンド ギブ」で生きるほど、ストレスなく楽しくラクに生きられるんじゃないかな、と。

実際僕は、こういう思いでなるべく生きるようにしてみたら、よりストレスなく、楽しく生きられるようになったんです。

あ、ついでにいうと、「あの人は自分のしたことを、喜んでくれたかな？」という心配も、まったくしなくていいですよ！

心配すると、「あのとき、ああ言ったほうがよかったかな」「こうしたほうがよかったかな」とどんどん不安になってきます。

不安な気持ちでいると、宇宙に不安のエネルギーを放つことになるので、やがて不安なエネルギーが自分のところに戻ってきます。

だから、心配はホントにしなくていいんです。

その代わり、イメージしてください。

自分は、幸せそのものだ、と。
幸せで、幸せで、その幸せが溢れ出している、と。
溢れ出した幸せは、今日会う人に気持ちよくもらってもらおう、と。
つまり、あなたが幸せなら、周りも幸せにできるんです。

マネーのスパイ・メモ❻
引き寄せの法則はいらない⁉　ギブ ギブ ギブで行こう！

——最近、僕、思うんですよね。幸せになるには「引き寄せの法則」さえ必要ないなって。

——は？　何を突然……。「引き寄せの法則」って、イメージしていることが引き寄せられる……ってヤツよね？

——そうです。だから、「不幸」を引き寄せたくなかったら、「不幸」なことは考えないっていう。でも、僕の場合は、エピソード8でもお伝えしたように、幸せは「不幸」から始まってることが多かったんですね。だから最近は、不幸が来ても「おっ、これはどんな幸せの伏線なんや？」ってワクワクするようになって……。

——不幸でワクワクって……ドMなの？

――えっ、いや、まぁ、ＳかＭかと言われたらＭ……って、何を言わすんや！　不幸が来たって、自分が毎日、上機嫌でいれば、やがては幸せになるんだから、難しいことは考えなくていいってことですよ！　そもそも、「引き寄せの法則」を使う場合、具体的に何をイメージしたらいいか、わかんない人も多いと思うんですよね。

――そんなことないわよ！　私の場合、お金でしょ、パートナーとの素敵な未来でしょ、あと地位と名誉でしょ……。

――でも、それぞれを具体的にイメージするのって、難しいですよね？

――うっ、確かに「素敵な未来」とか「地位と名誉」は、具体的にイメージしづらい……。

――だけど、毎日、上機嫌でいることのほうが簡単ですよね？　その状態で、目の前の人には「ギブ　ギブ　ギブ」の精神で接する。そうすれば、「あさっての法則」で、宇宙からのリターンがやってくる。こうなると、不幸も恐れなくていいし、具体的なイメージを持ってなくても幸せになれるし。

——確かに!　こっちのほうが簡単だわ。

——具体的な夢・目標がある人は「引き寄せの法則」でもいいと思うんです。ただ、僕みたいに具体的な夢・目標がない人は、こういう方法もいいかなぁと思うんですよね。

——上機嫌で「ギブ ギブ ギブ」ね。さっそく今日からやってみるわ!　ところでシン……フグの創作料理の店が新しくできたみたいなんだけど、一緒に行かない?

——うぉぉぉ!　来た!　さっそく来た!　僕の大好きなフグで攻めて来た!　いいですよ!　最高や!　僕を笑顔にしてくれるマネーさんに、宇宙からの幸あれー!

episode《エピソード》 9

夢・目標を持たず、幸せになる生き方

ここは・・・
一体・・・!?
さらにワクワクしたくてフグ屋の2階にバー作っちゃいました〜
スゴーイ!
宇宙みたい!
バンザーイ
なんで宇宙?
2階には未来をもってきたくて
きっと未来は宇宙に行ってるから宇宙や!と
フォッフォッフォ
ドドドドドド
まーシンプルな答え・・・

ちなみに ここを 作ったときも 嬉しい偶然が あってね…
で 2階は 宇宙と…
ここを 守ってくれてる 3人のスタッフを 星に見立てて
宇宙と星を テーマにしたバーに したいんですよ～
内装屋さん
そうです かぁ
いや～ なんか うれしい ですねぇ
実は 僕ら兄弟 なんですけど…
名前が 『宇宙』と『星』って 書くんですよ
星です
宇宙です
ほほほほ ほんとにい～～～!?
ドッキーン

そんな偶然あるのね…
やっぱり初めにワクワクを放つと想像以上のワクワクが還ってくるんですよ！
いやーもう僕最高に幸せやなぁ～！
シンはホントに…
…いつも幸せね
もちろん
『幸せでいる』と決めてますから！
それに夢や目標も持ってないですしね
夢や目標…
あったほうがいいんじゃ？
ん～…そういう人もいますけど
目的地を決めるともっと幸せになれる可能性が見えなくなるかもしれないし…
うおおおおぉ

それに夢・目標が叶わない間は苦しいじゃないですか
でも自分を苦しめる必要はないんです
だって自分が幸せでいて溢れた幸せを目の前の人に注げば
それだけで想像以上のミラクルが起きるんですから……!
そしてミラクルの始まりはまずあなたが幸せでいると決めること
さぁ幸せになる準備はいいですか!?

「夢・目標を持ちなさい」
僕たちって、小さい頃からなんとなくそう言われてきましたよね。
それが人生を豊かに過ごす秘訣、幸せへの近道、みたいな。

確かに、夢・目標を持つと、楽しいことがたくさんあります。
希望に燃えてワクワクするし、調子よく成績が伸びて結果が出ている間は達成感も味わえる。努力を重ねて、最終的に目指した場所にたどり着ければ、きっと最高の喜びを体験できるはずです。

でも——だとすると、夢・目標をあきらめた人は幸せになれないのか？
そもそも、やりたいことがなくて、夢・目標を持てない人は幸せになれないのか？

あなたにはその答え、もうわかってますよね？

もちろん、夢・目標を持たなくても、幸せになれます。思いっきり。

僕がその、いい例です（笑）。

それに最近では、夢・目標を持つより、持たないほうが、さらに幸せになれるんじゃないか、と考えているんです。

というのも、こう思ったんですね。

夢・目標を決めて行動すると、確かに目的地には近づけます。

うまくいけば、目的地にたどり着くこともできるでしょう。

月を目指してロケットを飛ばしたら、念願どおり、月にたどり着けたという感じですね。それはそれで、本人にとっては、すごくうれしいことだと思うんです。

だって、ずっと月に来たかったわけだし。そもそも、月に行けるなんてものすごい偉業だし。

ただ、僕は思うんです。月でいいの？　と。

宇宙には、それはもう、数えきれないほどの星々があります。

僕たちが見たことも聞いたこともない、その存在すら知らない、認識できていない星々がたくさんあるのです。

実は、その中にあるかもしれないんですよね。

あなたが、月にいる以上にラクに息ができて、楽しくて、もっとずっと幸せになれる星が。

夢・目標を持って進むのは、目的地として「認識できる星」に向かうということだと思いますが、あなたの最高の幸せは、今は「認識できていない星」にあるかもしれないんです。

そう考えると、夢・目標を持つのは、あなたの幸せの幅を狭めることになるのかもしれない。自分で、自分の幸せの上限を決めることになるのかもしれない。

でも、もし目的地を決めずに、自分を幸せで満たして、目の前の人の笑顔という「奇跡の扉」を開け続けていけば——……

今はまだ見えていない星、
その存在すら知らない星、
自分が最高だと思うより、さらに上の、
想像をはるかに超えた喜びに満ちた星、
そんな星々に運ばれるんじゃないのか？

僕はそう思うんです。

実際に、ワクワクしながら「奇跡の扉」を開け続けることで、僕は宇宙から信じられないような良い流れをもらえて、うれしい驚きが待つ星々へ運んでもらうことができました。

そう！　日本の保険セールスマン、ナンバーワンという星に……。
さらに、実家がたくさんの人の笑顔が溢れる最高のフグ屋になるという星。
逮捕劇からの、講演会をいっぱいさせてもらえるという星。
どれも想像もできなかったし、目指したこともない星です。

目指さなかったけれど、自分が幸せで、人を笑顔にしたいと思って生きていたら、僕にとって最高の幸せが待つ星々へ、スイーッと運んでもらえました。
これが**「宇宙の采配」**だと思うんです。

だから僕、ここから先も、実験を続けたいんです。
夢・目標を持たずに、幸せからスタートして、喜びの波長で宇宙を漂い続ける。
その結果、どんな喜びが待つ星々へ運んでもらえるのか？
もしかしたら……今いる銀河系さえ飛び出して、
人類初の喜びに出会っちゃうかもしれません（笑）。
それはあなたも一緒です。
あなたも、人類初の喜びに出会っちゃうかもしれないんです。

そんなミラクルの始まりは、もちろん、自分を幸せで満たすこと。

話は少しズレますが、そろそろ、成功して幸せになるんじゃなくて、**先に幸せになる時代**が来ていると思うんです。

これまでの世の中は、しんどい思いをして上を目指して、成功したら幸せだ、と。そういう時代でしたよね。

でも実は、成功しても、幸せになれるとは限らなくて。

たとえば、子どもの頃からずっとトップの成績で頑張ってきた人が、いざ大人になって、目指していた一流企業に入った。成功です。でも、忙しすぎて鬱になってしまった。そういう話、ホントによく聞きますよね。

あるいは、プロスポーツ選手としてトップになった。誰もが夢見る最高のポジションにたどり着いた。大成功です。しかし、そんな人の中にさえ、悲しいかな、鬱になる方がいたりする。

つまり、努力やガマンを重ねて、夢を叶えて成功しても、必ず幸せになれるわけではないんです。

僕自身も保険業界でトップをとらせていただきましたが、トップになったから幸せになったわけじゃないんですね。

トップになれたのは驚きだし嬉しいことだけど、僕が幸せになったのは、もっとずっと前。

自分で「自分は幸せ」と決めて、シャワーを浴び始めたときなんです。

「自分は幸せそのもの」と決めて生き始めたから、目の前の人を笑顔にしたいと無理なく思えるようになりました。だから笑顔になった人たちに「奇跡の扉」を開けてもらうことができたんだと思っています。

幸せで始めたから、トップの地位に運んでもらえたんです。

ものごとって、きっと、**自分が幸せになるとうまくいく。**

成功したから幸せになるわけじゃなくて、幸せだから成功するんです。

この順番を間違えると、幸せになるのって、きっとすごく時間がかかります。

だから、先に幸せになる時代が、もう来ていると思うんです。

「それなら、幸せでいるために、多少無理してでも、ポジティブでいなきゃ」

もしかして今、そう思いました？

いえいえ、無理しなくていいんです。

自分に優しくしてください。めちゃくちゃ優しくしてください。

スタートは「自分は幸せだ」と決めることなんですが、幸せだと決めても、しんどいときはあるし、「それはいやだな、やりたくないな」ということにも、きっとたくさん出会います。

そんなときは、素直に心の声を聴いて、自分に寄り添ってあげればいいんです。

みんな、人との関係が、人間関係がとっても大事っていうけど、まずは一番近くの人である自分自身との関係を優しいものにしてあげてください。

しんどいときは休む、いやなことはできるだけやらないようにする、たまにはたっぷりと眠る、大切な人たちと過ごす。楽しみたいことを楽しむ。

そうやって、自分に優しくして、自分を上機嫌にしてください。

自分にめっちゃ優しい人は、他人にも優しくできます。

周りを幸せにするためにも、あなたは自分にもっと優しくしてあげるんです。


そのために、まず、自分を幸せで満たす方法を見つけてください。

僕はシャワーを選んだけれど、あなたが自分を幸せで満たせることはなんですか？

たっぷりのお湯が入った湯船に浸かるでも、お気に入りのお茶を淹れてゆっくり飲むでも、好きな歌を歌うでも、大切な人の写真を眺めるでも、どんなことでもいいんです。

それを、毎朝やってください。

僕は「それを1年続ける」と決めて始めたら、3ヵ月目くらいから視界が変わって、世界のあちこちで幸せがキラキラ輝いて見えるようになりました。

それで、幸せのシャワーを10年以上続けています。

10年以上、毎日「幸せだなぁ〜」と思い続けてたら、もうどうやっても、幸せにしかなれないです（笑）。


自分を幸せで満たしたら、身近な大切な人の笑顔を思い浮かべてください。

今日会う人の笑顔を思い浮かべてください。

毎日、1人でも、2人でも、3人でもいいから、あなたから溢れ出した幸せで、目の前の人を笑顔にしてみてください。

大好きだという気持ちを届けてあげてください。

それを、できるだけ長く続けてください。

そうすれば、いつか、必ず「奇跡の扉」は開きます。

宇宙が、あなたを、最高に幸せになれる星へと運んでくれます。


ここまで、僕の話を聞いてくれて、ありがとうございます。

一緒に本の中で旅を続けてくれた、あなたに大感謝です。
「奇跡の扉」が開いたら、今度はあなたが、僕に話を聞かせてください。
あなたがたどり着いたのは、どんな奇跡が待つ星ですか？

しんちゃん

自分に
「○」を出してあげよう。
自分に
優しくしてあげよう。
今が幸せ…から始めよう。
それが、
あなたも、みんなも、一緒に、
幸せになれる方法です。

BY：しんちゃん

【著者紹介】

しんちゃん

◉――大阪府八尾市出身。幼少期より野球に打ち込む。高校生の時、右肘の負傷をきっかけに独自のイメージトレーニング方法をあみだし、投手として120キロしか出なかった球速を150キロ近くまで上げることを実現。野球を通じて、人間の可能性は無限だと学ぶ。その後、プロ野球選手を目指し9年間の猛特訓を重ねるも夢は叶わず挫折。

◉――プロ野球選手をあきらめた後、ファイナンシャル・プランナーの資格を取得。大手生命保険代理店に就職するが、売上を上げることより、お客様に喜んでもらいたい！ の一心でわずか2ヵ月で退社・独立。

◉――独立して10年以上が経った現在、約1000名以上の顧客に恵まれ、日本国内で150万人いるといわれる保険業界の営業マンの中からトップ・オブ・ザ・テーブル、「TOT」というタイトルを取得。保険業で日本一のトップセールスマンとなる。2018年には、保険セールス史上最高額の契約金額をお客様から預かる。

◉――また、ご縁ある方に喜んでもらおうと、2015年に実家を会員制のふぐ料理屋に改装。隠れ家的人気店「佐一郎屋敷」のオーナーとなる。

最高《さいこう》の幸《しあわ》せは、不幸《ふこう》の顔《かお》をしてやってくる！

2021年12月6日　第1刷発行

著　者――しんちゃん

発行者――齊藤　龍男

発行所――株式会社かんき出版

東京都千代田区麹町4-1-4 西脇ビル　〒102-0083

電話　営業部：03(3262)8011㈹　編集部：03(3262)8012㈹

FAX　03(3234)4421　振替　00100-2-62304

https://kanki-pub.co.jp/

印刷所――シナノ書籍印刷株式会社

乱丁・落丁本はお取り替えいたします。購入した書店名を明記して、小社へお送りください。ただし、古書店で購入された場合は、お取り替えできません。

本書の一部・もしくは全部の無断転載・複製複写、デジタルデータ化、放送、データ配信などをすることは、法律で認められた場合を除いて、著作権の侵害となります。

©Shinchan 2021 Printed in JAPAN　ISBN978-4-7612-7582-2 C0095